Brigitte Rauth-Widmann

Retriever

Retriever

Lernfreudige Partner des Menschen

Herkunft, Einsatzgebiete, Haltung und Erziehung der sechs Retrieverrassen Labrador, Chesapeake Bay, Curly Coated, Flat Coated, Golden und Nova Scotia Duck Tolling Retriever.

Von Brigitte Rauth-Widmann

Verlagshaus Reutlingen · Oertel + Spörer

Haftungsausschluss

Die Hinweise in diesem Buch stammen von der Autorin.
Es können jedoch keinerlei Garantien übernommen werden.
Eine Haftung der Autorin bzw. des Verlages und seiner Beauftragten für Personen-, Sach- und Vermögensschäden ist ausgeschlossen.

Die Deutsche Bibliothek-Einheitsaufnahme

Rauth-Widmann, Brigitte:
Retriever : lernfreudige Partner des Menschen ; Herkunft, Einsatzgebiete, Haltung und Erziehung der sechs Retrieverrassen Labrador, Chesapeake Bay, Curly Coated, Flat Coated, Golden and Nova Scotia Duck Tolling Retriever / von Brigitte Rauth-Widmann. –
Reutlingen : Verl.-Haus Reutlingen Oertel und Spörer, 1998
ISBN 3-88627-205-2

Postfach 1642 · 72706 Reutlingen

Lektorat: Dr. Gabriele Lehari, Reutlingen
Schrift: 10/12 p Stone
Satz: typoscript GmbH, Kirchentellinsfurt
Reproduktionen: Oertel + Spörer, Reutlingen
Druck: Oertel + Spörer, Reutlingen
Einband: Heinrich Koch, Tübingen
Printed in Germany
ISBN 3-88627-205-2

Die Treue eines Hundes ist ein kostbares Geschenk,
das nicht minder bindende moralische Verpflichtungen auferlegt
als die Freundschaft eines Menschen.

Konrad Lorenz

Vorwort

Wieder ein Buch über Retriever, so wird der eine oder andere beim Anblick dieser Neuerscheinung denken. Sicherlich wieder ein neues Buch über unsere Hunde, halten Sie jedoch ein Retriever-Buch in den Händen, dass die gesamte Bandbreite eines Retrieverlebens abdeckt. Kein spezielles Buch für Golden, Labrador, Flat coated Retriever etc., sondern ein universelles, welches man immer wieder einmal zur Hand nimmt, um nachzuschlagen, ergeben sich doch in einem hoffentlich langen Retrieverleben immer wieder neue Fragestellungen zu unseren Hunden.

Mit diesem Buch werden interessierte „Hundeanfänger" angesprochen, die sich erstmalig mit der Anschaffung eines Retrieverwelpen auseinandersetzen. Sachkundig führt Frau Dr. Rauth-Widmann in die schwierigen Fragen von Auswahl und Anschaffung eines zur Familie passenden Retrieverwelpen ein, erläutert die notwendigen Phasen der Sozialisation, gibt Ratschläge zur Aufzucht, Tips für die Ausbildung zum treuen Begleiter und Jagdgefährten und erläutert letztlich auch wichtige Fragen der Gesundheit unserer Hunde.

Für besonders wichtig halte ich die Teile des Buches, in denen der Retriever als ein Arbeits- und Jagdgebrauchshund vorgestellt, sein geselliger Charakter herausgestellt und der (künftige) Retrieverbesitzer aufgefordert wird, aus seinem Hund nicht nur einen „Stubenhocker" zu machen. Schließlich gehört es zur artgerechten Haltung eines Retrievers, ihn für das einzusetzen, wofür er ursprünglich gezüchtet wurde. Nichts auf dieser Welt macht ihm schließlich mehr Spaß, als seinem Herrn zu dienen und Freude zu bereiten, als arbeitsfreudiger Jagdgebrauchshund oder als liebevoller Familienbegleiter. Ermöglicht man seinem Retriever ein „arbeitsreiches" Leben, wird sich ein unzertrennliches Gespann entwickeln. Es freut mich besonders, dass das Buch den interessierten Leser zu einer retrievergerechten Haltung seines (zukünftigen) Hundes motiviert und ihn dabei auf die besondere Bedeutung der Retrieverzuchtvereine des VDH für den Erhalt dieser liebenswerten Rassen hinweist, findet er schließlich in diesen nicht nur für den Kauf, sondern auch für Ausbildung und Haltung einen kompetenten Ansprechpartner.

Ich wünsche der Autorin mit Ihrem Buch viel Glück und eine weite Verbreitung unter den Welpeninteressenten und zukünftigen Retrieverbesitzern, sollte man den Schritt zum „richtigen" Retriever, der ein langjähriger treuer Wegbegleiter sein soll, doch gut informiert beschreiten.

Prof. Dr. Thomas Wilk
1. Vorsitzender des Deutschen Retriever Club e. V.

Danke

Meine Labrador-Hündin Tessa möchte ich sanft hinter den Ohren kraulen und ihr damit für die schönen gemeinsamen Stunden danken, außerdem für ihre liebevolle Gesellschaft, die sie mir unter dem Schreibtisch liegend und meine Füße wärmend beim Schreiben des Manuskriptes geleistet hat. Sie allein hat es geschafft, mich in der Hektik unserer schnelllebigen Welt immer wieder an die „Inneren Werte“ zu erinnern und mir zu zeigen, welch beglückendes Gefühl von einer intensiven und partnerschaftlichen Verständigung mit einem Hund auszugehen vermag.

Mein ganz besonderer Dank gilt meinem Mann Karl-Heinz und meinem Sohn Ralf für die zahllosen Wochenenden und Ferientage, die sie mit mir zusammen auf Hundeveranstaltungen verbracht haben. Euch beiden einen dicken Kuss für euer großes Interesse am Fortgang der Arbeiten zu diesem Buch, für eure zahlreichen Verbesserungsvorschläge zum Aufbau des Manuskriptes und nicht zuletzt auch für eure unendliche Geduld mit der so viele Stunden Literatur wälzenden und vor dem PC sitzenden Mami. Ohne euren unermüdlichen Einsatz hinter den Fotokameras wäre manch schöne Retrieveraufnahme nicht entstanden.

Danken möchte ich auch meinen langjährigen Freundinnen Gabriele Kohlrautz mit ihrem Entlebucher-Rüden Brendy, Susanne Weismann mit ihrer Labrador-Hündin Leila und Patrizia Gauss mit ihrer Flat-Hündin Velvet und ihrem Curly-Rüden Abraxas für die unendlich vielen gemeinsamen Gassi-Stunden und unsere zahllosen Unterhaltungen über das Thema Hund. Dir Susanne ein Extra-Dankeschön für deine Bereitschaft, kurzfristig am Wochenende mit Leila vor dem kritischen Fotoauge von Karl-Heinz „Modell zu gehen“ und vor allem dafür, dass du mit kaum zu überbietender Geduld meine stundenlangen Monologe über Retrievererziehung ertragen hast. Dir Patrizia ein ganz besonderes Dankeschön dafür, dass du mir durch deine unermüdliche Vermittlungsarbeit ermöglicht hast, so viele geduldige RetrieverzüchterInnen und -besitzerInnen kennen zu lernen und sie mit meinen nicht enden wollenden Fragen zu löchern.

Zu großem Dank verpflichtet bin ich auch all denen, die ebenfalls durch ihr persönliches Engagement zum Entstehen dieses Buches beigetragen haben: An erster Stelle Herrn Prof. Dr. Thomas Wilk, der sich trotz prall gefüllten Terminkalenders die Zeit genommen hat, mein Manuskript zu lesen und das Vorwort zu verfassen. Ich freue mich sehr darüber, mein Retrieverbuch mit Zeilen aus seiner Feder abrunden zu können. Frau Ute Narewski danke ich für die Beantwortung meiner unzähligen Fragen zur Hundeerziehung von Hunden und für die lehrreichen Trainingsstunden, die meine Tessa und ich bei ihr absolvieren konnten. Bei Frau Petra H. bedanke ich mich vielmals für die Zusage, aus dem Zusammenleben mit ihrer Blindenführhündin berichten zu dürfen und für die Überlassung der Fotoaufnahme von Navra im Dienst.

Ganz herzlich danken möchte ich den RetrieverzüchterInnen Sally Gray-Bloechliger, Gaby Boysen, Linus Bos, Astrid Buschmann, Dr. med.vet. Isabella Kraft, Karin Edle von Löw, Werner Neumann, Simone und Christine Neureuter, Jürgen Rüter, Irene Schwarz, Heike und Peter Wagner, Brigitte Weber, Michaela und Bertram Wiestler sowie den RetrieverbesitzerInnen Petra Beringer, Georg Miller und Marianne und Günter Walkemeyer, außerdem den vielen TeilnehmerInnen und LeiterInnen von Welpenspieltagen, Junghund-, Begleithund- und Dummykursen, von Retrieverseminaren und Ausstellungs- bzw. Prüfungsveranstaltungen, unter Ihnen ganz besonders Walter Rakus, Jens Swadzba und Gereon Ting für die interessanten Gespräche über ihre Erfahrungen im Umgang mit Retrievern, für die zahlreichen nützlichen Ratschläge und nicht zuletzt auch dafür, dass wir ihre Retriever fotografieren und die Aufnahmen veröffentlichen durften.

Vielmals bedanken möchte ich mich auch bei meiner Lektorin Dr. Gabriele Lehari für die gute Zusammenarbeit (logisch, bei zwei Biologinnen, bei denen die Chemie stimmt) und für Ihre Bereitschaft, auch bei Wind und Wetter mehrmals zu mir nach Böblingen zu kommen, um Manuskript und Fotos abzuholen. Und last but not least geht ein ganz herzliches Dankeschön an meinen Verleger Herrn Ermo Lehari, der mir das „frohe Schaffen“ an diesem Retrieverbuch erst möglich gemacht hat.

Inhalt

Die Retrieverrassen

Retriever: Hochspezialisierte Jagdhunde

Bereits vor mehr als 10 000 Jahren wurden die als Sammler und Jäger lebenden Urmenschen auf ihren Streifzügen von 'zahmen Wölfen' begleitet. Rasch lernten sie, die natürlichen Fähigkeiten dieser Tiere zu ihrem eigenen Nutzen einzusetzen. Und auch später, nachdem sie sesshaft geworden waren, profitierten die frühen Menschen von den Eigenschaften und Leistungen der anhänglichen Vierbeiner, so zum Beispiel von ihrer Wachsamkeit und ihrem Jagdeifer. Als im Laufe der Zeit wohl der Wunsch aufkeimte, ganz spezifische Eigenschaften der Tiere auf Dauer zu erhalten und zu fördern, wurde der Mensch zum Züchter. Gezielt verpaarte er nun solche 'Hauswölfe' miteinander, bei denen die von ihm gewünschten Merkmale besonders gut ausgeprägt waren.

Der Einfluss von Kreuzung und Zuchtauslese wird gerade bei der Entstehung der verschiedenen Jagdhunderassen sehr deutlich: Jedes Gelände und jedes Jagdwild erfordern ganz spezifische Jagdmethoden und deshalb auch hochspezialisierte Jagdhunde. In offenem Gelände sind schnelle Sichtjäger wie zum Beispiel Windhunde gefragt, die das Wild ausdauernd verfolgen und zu Tode hetzen können.

In unübersichtlichem Gelände dagegen eignen sich wesentlich besser Hunde, die sich vornehmlich mit dem Geruchssinn orientieren. Sie unterstützen den Jäger bei seiner Arbeit, indem sie ihm beim Aufspüren des Wildes helfen oder die Beute apportieren. Zu ihnen gehören zum Beispiel die Spaniels, die das Jagdwild aufstöbern, außerdem die Vorstehhunde und Setter, die es aufspüren und durch charakteristische Posen anzeigen, und schließlich die Retriever, deren Aufgabe es ist, (an)geschossenes Wild zu suchen und heranzutragen. Auffinden und herbeibringen (apportieren), ins Englische übersetzt: to retrieve, sind die jagdlichen Fähigkeiten, denen die Retriever ihren Namen verdanken. Viele Jagdhunderassen sind in der Lage Wild zu apportieren, zur Perfektion herausgezüchtet wurde dieses Verhalten aber nur bei den Retrievern.

Ihre Entstehungsgeschichte, ihr äußeres Erscheinungsbild und ihre Charaktermerkmale trugen dazu bei, dass Retriever heute in sechs verschiedene Rassen untergliedert werden: In die vier ursprünglich aus Großbritannien stammenden Vertreter

- **Labrador Retriever**
- **Curly Coated Retriever**
- **Flat Coated Retriever** und
- **Golden Retriever**

sowie in den in Nordamerika reingezüchteten

- **Chesapeake Bay Retriever**

und den in Kanada beheimateten

- **Nova Scotia Duck Tolling Retriever.**

Herkunft der verschiedenen Retrieverrassen

Wie bei den meisten Hunderassen so wurden auch über den Ursprung der Retriever zahlreiche Theorien aufgestellt, bei denen Dichtung und Tatsachen oft schwer auseinander zu halten sind. Als gesichert gilt jedoch, dass die Wiege eines ihrer Vorfahren in Neufundland stand (mögliche Ausnahme: Nova Scotia Duck Tolling Retriever).

Der St. John's Hund

Vor ungefähr 500 Jahren segelten Fischer aus dem süd-englischen Devon nach Neufundland, um vor der Halbinsel Avalon bei St. John's auf Fischfang zu gehen. Mit an Bord hatten sie Hunde, die sehr gut schwimmen konnten und deren Aufgabe es

Labrador-Hündin „Cara aus dem Orketal", Rufname Tessa.
Züchterin: Barbara Götz-Förster,
Besitzerin: Dr.Brigitte Rauth-Widmann.

Für die erfolgreiche Arbeit der Fischer und Jäger aus Devon war er ebenso wichtig wie ihre Boote und ihr Werkzeug: der St. John' s Hund.

war, Schiffstaue und aus den Netzen springende Fische aus dem eiskalten Wasser zu apportieren.

Anfang des 16. Jahrhunderts begannen die Fischer erste Siedlungen entlang der Küste anzulegen und Federwild zu bejagen. Nun benötigten sie einen Hund, der zudem gute jagdliche Eigenschaften besitzen musste. Da sie auf Neufundland ganz offensichtlich keine einheimischen Hunde vorfanden, setzten sie ihre eigenen, aus England stammenden Tiere zur Zucht ein. Es entstand der St. John's Hund, der gemeinsame Urahn des Labrador Retrievers, des Golden Retrievers, des Flat Coated und des Curly Coated sowie des Chesapeake Bay Retrievers. Ob dieser Hund auch in der Ahnenreihe des Nova Scotia Duck Tolling Retrievers vorkommt, ist noch umstritten.

Ursprungsgebiete der verschiedenen Retrieverrassen.

Der St. John's Hund hatte ein ausgeglichenes und gutartiges Wesen und war ein außerordentlich guter Fährtensucher mit einer ganz vorzüglichen Nase. Er war ein ausgezeichneter und ausdauernder Schwimmer mit dichtem, kurzem und wasserabstoßendem Fell. Außerdem war er nur mittelgroß, so dass ihn die Fischer bequem in ihren kleinen Boote mitnehmen konnten.

Erst ungefähr 250 Jahre später kamen St. John's Hunde mit Handelsschiffen auch nach England (Poole) und Schottland (Greenock). Einige gelangten in den Besitz von Angehörigen des Landadels, die sie insbesondere wegen ihres ausgeprägten Apportiertriebes und hervorragenden Spürsinnes gerne als Jagdhunde einsetzten. Andere wurden zum Beispiel von Wildhütern übernommen, die sie nicht zuletzt wegen ihres ausgeglichenen Wesens sehr schätzten.

Entstehungsgeschichte der Retriever

Die St. John's Hunde, die bis Mitte des 19. Jahrhunderts auf den britischen Kontinent gelangten, waren die Zuchtbasis für alle dort entwickelten Retrieverrassen. Aufgrund von Handelsbeschränkungen sowie eines Gesetzes, das Hunde ohne Lizenz und Quarantäne nach Großbritannien einzuführen verbot, kamen später kaum mehr St. John's Hunde auf die Insel.

Der Labrador Retriever

Heute geht man davon aus, dass die in den Zwingern der Aristokraten gehaltenen St. John's Hunde ohne vorherige Einkreuzung anderer Hunderassen reingezüchtet wurden und so die Labrador-Zucht begründeten. Es gilt als ziemlich sicher, dass alle derzeit lebenden Labrador Retriever direkt auf nur drei Zuchtlinien der Zwinger der englischen bzw. schottischen Adelsfamilien Malmesbury, Buccleugh und Home zurückgehen. Zunächst trugen die Hunde Namen wie 'Englischer Retriever', 'Kleiner Neufundländer' und 'Kleiner St. John's Hund'. Zu Beginn des 20. Jahrhunderts wurde dann die Rassebezeichnung Labrador Retriever allgemein eingeführt und ein Rassestandard definiert.

Das wohl älteste Foto eines Labrador Retrievers wurde von Nell, einer etwa zwölfjährigen Hündin des Duke of Buccleugh aufge-

Labrador-Hündin „Die Leila Up'n Köppen".
Züchterin: Marianne Ratschow,
Besitzerin: Susanne Weismann.

nommen. Es entstand im Jahre 1867 und zeigt, wie wenig der damals gezüchtete Labradortyp von dem heutigen Dual-Purpose-Typ (dem Retriever, der sich sowohl für die Jagd bzw. für Leistungsprüfungen als auch zur Präsentation im Ausstellungsring eignet) abweicht. Lediglich weiße Zehenspitzen und ihr extrem weißer Fang stellen deutliche Unterschiede dar.

Zwei hervorragende Arbeitshunde dieser Zeit waren die Rüden Ned und Avon (geboren 1882 und 1885) von Lord Malmesbury. Einige Autoren vermuten, dass die meisten Labrador Retriever Englands auf diese beiden Hunde zurückgehen.

Einer der bedeutendsten Zuchtrüden des 20. Jahrhunderts war der Labrador Banchory Bolo von Lorna Countess Howe. Aus der Hand eines seiner vielen Vorbesitzer übernahm ihn Lady Howe als Zweijährigen. Sie erhielt ihn kostenlos, weil er trotz seiner adeligen Abstammung als wild, unzähmbar und stupide galt. Bolo war offensichtlich häufig geschlagen und viel zu streng erzogen worden. Laute Geräusche wie Peitschenknallen lösten bei ihm immer wieder panikartige Reaktionen aus. Einmal verletzte er sich dabei so schwer, dass er eingeschläfert werden sollte. Lady Howe pflegte ihn aber mit großer Hingabe gesund. Der Hund reagierte von nun an entspannter, schloss sich eng an seine Herrin an und machte bei seiner Ausbildung große Fortschritte.

Schon ein Jahr nach seinem Unfall belegte er mehrere erste Plätze bei Field-Trials (jagdlichen Prüfungen) und hatte auch im Ausstellungsring große Erfolge. Als erster Labrador Retriever konnte er so den sehr selten vergebenen Titel 'Dual Champion' erringen. Die Zeitschrift 'Field' schrieb über Bolo:

„Wenn man je den Beweis für den Charakter eines großartigen Hundes suchte, über seinen Einfluss auf die ihm nachfolgenden Generationen, so fand man dies auf der Retriever Championship Trial in Idsworth im Dezember 1932. Von den vierzehn Hunden, die Preise gewannen, waren acht Nachkommen von Banchory Bolo.“ (Zitat aus: Der Labrador Retriever von R. A. Wolters, 1993, S. 64).

Bis zum Anfang des 20. Jahrhunderts war die Hauptlinie der Labrador-Zucht schwarz. Danach wurde die gelbe und schließlich die leberfarbene Fellfärbung immer populärer (Das Synonym zu Leberfarben ist Braun bzw. Chocolate). Da nach der Ankunft der St. John's

Typisch femininer Kopf einer Labrador-Hündin. „Cadonau's Beauty in Black", Rufname Joy. Züchterin: Monica Cadonau, Besitzerin: Simone Neureuter.

Hunde in England offensichtlich kein 'fremdes Blut' durch Kreuzungen in die Zucht eingeflossen war, kann die Erbanlage für das rezessive Gelb bzw. Leberfarben nur auf die Importhunde aus Neufundland zurückgehen. Da zunächst nur schwarze Labrador Retriever auftraten, muss man davon ausgehen, dass Tiere mit anderen Farben wenig geschätzt und deshalb getötet wurden.

Der Chesapeake Bay Retriever

Seine Geschichte, so wird allgemein angenommen, begann, als 1807 eines der zahlreichen englischen Handelsschiffe auf dem Weg von Neufundland nach Poole im Atlantik Schiffbruch erlitt. Ein amerikanisches Schiff mit dem Namen 'Canton' rettete die Besatzung und zwei an Bord befindliche St. John's Hunde. Einen leberfarbenen Rüden namens Sailor und eine schwarze Hündin, die man zu Ehren des Rettungsschiffes Canton taufte. Beide Hunde gelangten in die Nähe von Norfolk (USA) an der Chesapeake Bucht, wo sie offensichtlich nicht miteinander, aber mit anderen einheimischen Apportierhunden bzw. aus England eingeführ-

Chesapeake Bay Retriever-Rüde
„Double Coats Don Camillo".
Besitzer: Herr Neumann.

ten Retrievern verpaart wurden. Ihre Nachkommen kreuzte man wahrscheinlich mit Settern, mit Sicherheit aber mit Irish Water Spaniels.

Ganz besonderen Wert legte man außer auf den Erhalt der hervorragenden jagdlichen Eigenschaften des ursprünglichen St. John's Hundes auf die Anpassung des neuen Retrieverschlages an die im eiskalten Wasser vor Maryland betriebene Entenjagd. So sollten die Hunde zum Beispiel eine bräunliche Tarn-Färbung, ein ausgesprochen dichtes, wasserabweisendes Deckhaar und eine dicke, isolierende Unterwolle besitzen. 'Chesapeake Bay Duck(ing) Dog' nannte man den Hund, der alle diese Voraussetzungen erfüllte.

Nach einigen Jahren seiner Reinzucht wurde er 1878 unter dem Namen Chesapeake Bay Retriever vom American Kennel Club offiziell anerkannt. Ein erster Rassestandard trat dann am 17. April 1890 in Kraft.

Der Chessie, wie er häufig genannt wird, kommt außer mit brauner Fellfärbung auch in Beigefarben bis Blond vor. Diese Farbrichtungen soll der als 'Chesapeake King' bekannt gewordene Earl Henry von Albert Lea in Minnesota (Gründer des American Chesapeake Club) Ende des 19. Jahrhunderts stark gefördert haben.

Anders als schwarze, sind die beim Chesapeake Bay Retriever relativ häufig auftretenden kleinen weißen Abzeichen an Brust und Pfoten keine zuchtausschließenden Fehler. Auch eine gelegentlich auftretende dunkelgrau erscheinende 'Kopfmaske' ist zulässig, wird allerdings nicht gerne gesehen.

Der Curly Coated Retriever

Der St. John's Hund soll auch Urahn des heutigen Curly Coated Retrievers gewesen sein. Eingekreuzt wurde der sogenannte 'Rough Water Dog', dessen Ursprung in Mitteleuropa vermutet wird. Dieser Hund, der auch unter dem Namen 'Old English Water Dog' auftauchte, war äußerst gelehrig und besaß wie der St. John's Hund eine sehr große Wasserfreudigkeit. Außerdem hatte er ein dichtes, lockiges Haarkleid. Möglicherweise geht die charakteristische Fellstruktur des Curly Coated auf diesen Vorfahren zurück oder auf Pudel und Irish Water Spaniels, von denen man ebenfalls

Curly Coated Retriever-Hündin „Sita van het Bossche Front".
Züchter: H. L. und J. Leunissen-Rooseboom
Besitzerin: Astrid Buschmann.

annimmt, dass sie in der Ahnenreihe des Curly Coated Retrievers auftreten. Zudem ist bekannt, dass das Fell des St. John's Hundes außer glatthaarig auch gelockt sein konnte.

Ein 'extrem kraushaariger' Retriever wird erstmals um 1800 erwähnt. Mitte des 19. Jahrhunderts wurde der Curly Coated Retriever als eigenständige Rasse anerkannt (1854) und auf Ausstellungen gezeigt (zum ersten Mal 1860 in Birmingham). Zu dieser Zeit war er insbesondere in England als Jagdgebrauchshund sehr verbreitet, soll aber z. B. in Australien sogar zum Viehtreiben eingesetzt worden sein. 1890 wurde dann ein Rassestandard definiert, der bis heute nahezu unverändert gültig ist.

Obwohl Curly Coated Retriever mit gelber Fellfärbung auftreten können (in den sechziger Jahren gab es einen Zwinger namens Sarona, der eine gelbe Curly-Linie zog), sieht man sie heute nur in den Farben Schwarz und Leberfarben.

Wavy Coated Retriever

Die Fellstruktur und der kompakte Körperbau des ursprünglichen St. John's Hundes wurden durch zahlreiche züchterische Maßnahmen immer mehr verändert. Durch Einkreuzung des Irish Setter wurde ein langhaariger und kraftvoller Typ erreicht, den man 'Wavy Coated Retriever' nannte.

Auch dieser wellhaarige Hund hatte eine außergewöhnliche Wasserfreudigkeit und einen sehr ausgeprägten Bringtrieb. Er wurde der **Stammvater** der heutigen Retrieverrassen Flat Coated und Golden. Kontrovers diskutiert wird noch, ob er darüber hinaus als Urahn des Nova Scotia Duck Tolling Retrievers angesehen werden kann.

Wavy Coated Retriever hatten fast immer eine schwarze Fellfärbung, gelegentlich fielen aber auch gelbe und leberfarbene Welpen.

Der Flat Coated Retriever

Wavy Coated Retriever mit einer schwarzen Fellfärbung sind wohl die direkten Vorfahren des glatthaarigen oder Flat Coated Retrievers. Das Ziel der Zuchtbemühungen Mitte des 19. Jahrhunderts in England war es, die hervorragenden Apportierleistungen dieses ursprünglichen Retrievers zu erhalten, aber ein leichteres, elegan-

Flat Coated Retriever-Hündin „Wild Field's Candlelight Breya", genannt Maya, schwarz (Züchter: Heike und Bernd Terlinden) und Tochter „Brandy of Stony Creek" (Züchterin: Irene Schwarz). Besitzerin: Irene Schwarz.

tes Erscheinungsbild zu erreichen. Man nimmt an, dass zu diesem Zweck weitere extrem dunkelhaarige Irish Setter eingekreuzt wurden. Um das seidige Fell und den schmalen Schädel noch zu 'verfeinern', wurden auch Schottische Schäferhunde in die Zucht eingebracht.

Als Begründer der Rasse gilt Mr. Sewallis Evelyn Shirley aus Ettington. Gegen Ende des 19. Jahrhunderts begann er in seiner Position als Erster Sekretär des 1873 gegründeten englischen Kennel Club damit, die einzelnen Retrieverrassen zu registrieren. Dadurch wurde der Weg für die Reinzucht der verschiedenen Retrieverrassen geebnet. Flat Coated Retriever, kurz Flatcoats oder Flats genannt, wurden 1898 in das Zuchtbuch des Kennel Club aufgenommen und waren damals wohl der beliebteste Retrieverschlag in England.

Aus der sogenannten 'Riverside-Linie' von Mr. Cooke kamen zwei sehr bekannte Zuchtrüden dieser Zeit, die beiden 'Dual Champions' Toby und Grouse of Riverside. Ein anderer führender Züchter war Colin Wells, der Jagdaufseher des Herzogs von Rutland.

Er züchtete wie Mr. Cooke nicht nur auf Schönheit, sondern legte besonderen Wert auf die jagdlichen Leistungen seiner Zuchthunde. So erzielte er nicht nur auf Ausstellungen sondern auch auf Field-Trials große Erfolge. Tiere seines Zwingers haben die Zucht des heutigen Flat Coated Retrievers maßgeblich beeinflusst.

Zu Anfang dieses Jahrhunderts konnte man auf Ausstellungen neben Hunden mit schwarzer häufiger solche mit leberfarbener Fellfärbung sehen. Die damals wie heute sehr vereinzelt auftretenden gelben Flats haben sich leider nicht durchgesetzt und werden nicht offiziell anerkannt.

Der Golden Retriever

Als 1865 ein gelber Wavy-Coated-Rüde namens Nous (aus dem Griechischen, gesprochen 'naus') in den Besitz von Sir Dudley Marjoribanks (später bekannt als Lord Tweedmouth von England und Schottland) gelangte, begann die neuere Geschichte des heutigen Golden Retrievers. Es ist überliefert, dass er Nous von einem Schuhmacher aus Brighton kaufte, nachdem ihn dieser von einem Wildhüter, der seine Schulden nicht begleichen konnte, in Zahlung genommen hatte. Aus den sehr umfangreichen Aufzeichnungen Lord Tweedmouth geht hervor, dass er diesen Wavy-Coated-Rüden 1868 mit einer Tweed-Water-Spaniel-Hündin namens Belle verpaarte.

Tweed Water Spaniels waren hellbraun und hatten ein langes, gelocktes und wasserabweisendes Haarkleid. Von allen Autoren werden sie als sehr ausdauernde und äußerst wasserbegeisterte Apportierhunde beschrieben.

Golden Retriever-Hündin „Donna Dance with Scally von der Räuberburg“, rechts (Züchterin: Ursula Thumm) mit Tochter „A Rody's Annod of Donna's Silver Line“, genannt Quincy (Züchterin: Heike Wagner). Besitzerin: Heike Wagner.

In den folgenden zwanzig Jahren kreuzte Lord Tweedmouth die Nachkommen von Belle und Nous mit weiteren schwarzen Wavy Coated Retrievern und Tweed Water Spaniels, außerdem mit Irish Settern und einem sandfarbenen Bluthund. Diese sehr sorgfältige Zuchtplanung und die sich anschließende Reinzucht führten dazu, dass sich ein Hund mit einem sehr ansprechenden Äußeren und mit spezifischen, für die jagdliche Arbeit nach dem Schuss notwendigen Eigenschaften herausbilden konnte. Vom englischen Kennel Club wurde er 1913 als eigenständige Rasse und zunächst noch unter der Bezeichnung 'Gelber oder Golden Retriever' anerkannt. Erst 1920 erhielt der Golden Retriever seinen endgültigen Namen.

Culham Brass und Culham Copper, zwei Hunde aus der Zucht von Lord Tweedmouth im Zwinger von Lord Harcourt, kann man in den Stammbäumen vieler heutiger Golden Retriever wieder finden. Weitere Zwinger, die im ausgehenden 20. Jahrhundert für die Entwicklung der Rasse von Bedeutung waren, sind 'Nor(m)anby' von Mrs. Charlesworth ('Dual Champion': Golden-Hündin Noranby Destiny) und 'Ingestre' von Mr. Macdonald, der für die Zucht von dunkel goldfarbenen Hunden bekannt war. Überhaupt waren zu dieser Zeit sehr dunkle Goldens äußerst gefragt. Erst in den 30er Jahren unseres Jahrhunderts fand man zunehmend Gefallen an cremefarbenen Hunden, weshalb die Farbe 'Creme' schließlich in den Rassestandard aufgenommen wurde.

Der Nova Scotia Duck Tolling Retriever

Der Nova Scotia Duck Tolling Retriever, zu deutsch 'neu-schottländischer Enten anlockender Apportierhund', wurde von der internationalen kynologischen Dachorganisation FCI (Fédération Cynologique Internationale) erst 1981 als eigenständige Retrieverrasse anerkannt. Beheimatet ist dieser Retrieverschlag an der Ostküste Kanadas in Nova Scotia.

Über die Herkunft auch dieser Retrieverrasse wird vermutet, dass am Anfang der St. John's Hund bzw. der Wavy Coated Retriever stand. Es wird von einer leberfarbenen Wavy-Coated-Hündin berichtet, die um 1860 mit einem Rüden vom Labrador-Typ (St. John's Hund) verpaart wurde. Die Nachkommen kreuzte man mit braunen Cocker Spaniels und Irish Settern. Der beim Toller, so wird der Nova Scotia Duck Tolling Retriever allgemein genannt, zu beobachtende Hütetrieb soll von der nachfolgenden Einkreuzung einiger Shetland Sheepdogs (Shelties) stammen.

Da der Toller eine unter den Retrievern einmalige Verhaltensweise zeigt (das 'Enten anlocken' – siehe unten), könnte der Ursprung dieser Rasse auch bei den auf Nova Scotia heimischen rotbraunen Indianerhunden liegen, die mit ähnlichen Jagdtechniken arbeiteten. Nach dieser Theorie kreuzten spätere Siedler diese Hunde mit Cocker Spaniels, Irish Settern, Shetland Sheepdogs und dem niederländischen Kooikerhondje, der ebenfalls Enten anzulocken versteht.

Wie auch immer seine Entstehungsgeschichte verlaufen sein mag, man nannte den kleinen rotorange-farbenen Hund zunächst Little River Duck Dog. Seine heutige Bezeichnung Nova Scotia Duck Tolling Retriever wurde erst ab 1945 gebräuchlich, als der Canadian Kennel Club diese Retrieverrasse offiziell anerkannte.

Toller-Hündin „Flottatjärn's Prime Inuit-Tuffy".
Züchterin: Ewa-Maria Carlss
Besitzer: Günter Walkemeye

Möglicher Stammbaum der Retriever

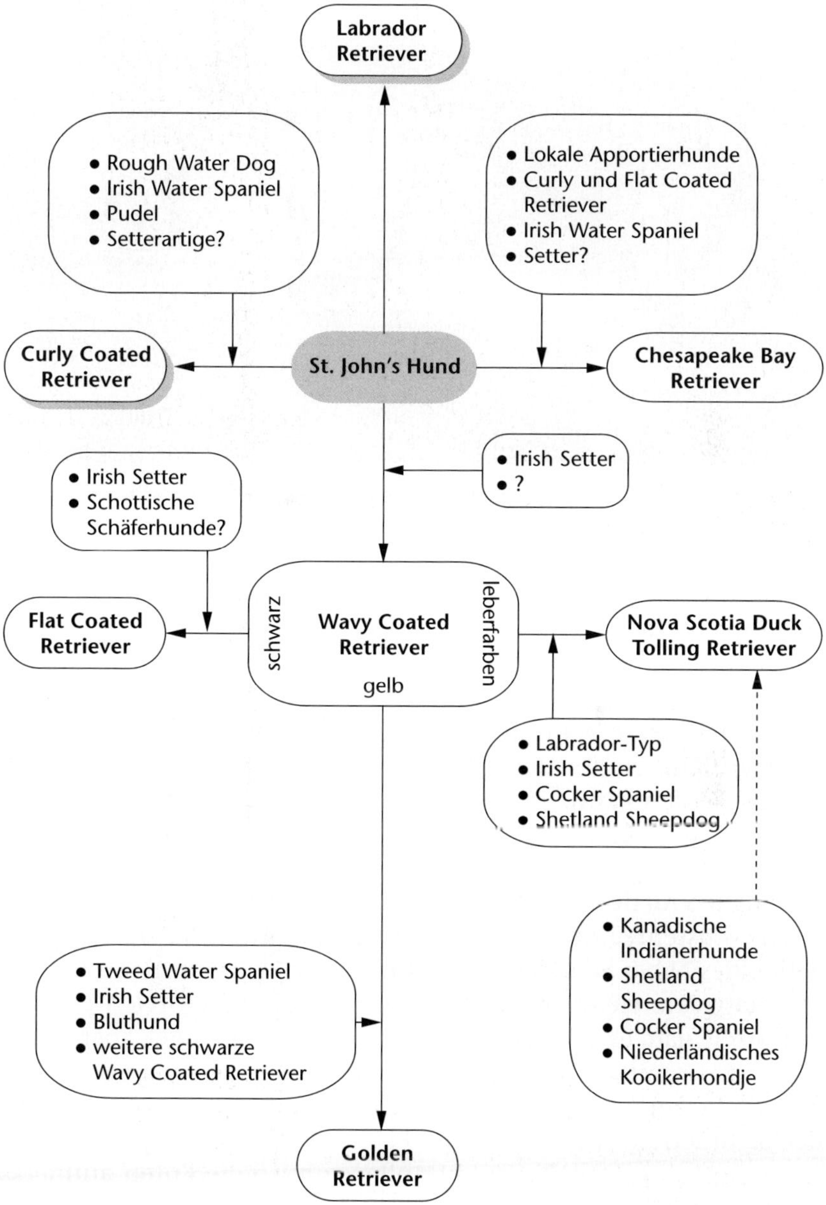

Alle Retriever sind sehr aufgeweckte und lernbegierige Hunde, die ausreichend beschäftigt sein wollen.

Die z. T. spektakulären Ergebnisse molekulargenetischer Untersuchungen über die Abstammung der verschiedenen Haushunderassen anhand mütterlich vererbter mitochondrialer DNA (Robert Wayne, 1997) lassen vermuten, dass innerhalb weniger Jahre und mit zunehmend verbesserter gentechnischer Analyse-Methodik immer mehr Licht auch in den Stammbaum der Retriever gebracht werden kann.

Wofür wurden die Retriever ursprünglich gezüchtet?

Die Küstenregion vor Nova Scotia im Atlantik, das Einsatzgebiet des **Nova Scotia Duck Tolling Retrievers**, war unter anderem Rastplatz vieler ziehender Wasservögel. Diesen reich gedeckten Tisch galt es zu nutzen. Da sich die Entenvögel aber meist nicht in unmittelbarer Ufernähe tummelten, wo man sie hätte erlegen können, mussten sie in Schussnähe gelockt werden. Von der Jagdmethode einheimischer Füchse abgeschaut, ließen Indianer ihre Hunde am Ufer umhertollen, um so die Enten aufmerksam zu machen.

Das Verhalten dieser Indianerhunde wiederum war Vorbild für die Arbeit mit dem Toller. Selbst gut versteckt warf der Jäger dem Retriever Stöckchen oder Bälle in Ufernähe ins Schilf. Der außerordentlich verspielte Toller stürmte hinterher, suchte und apportierte unermüdlich. Dabei verschwand er im Dickicht, tauchte wieder auf, um kurz darauf wieder zu verschwinden. Dieses auffällige Hin- und Herrennen mit vor Erregung hoch erhobener Rute veranlasste die neugierigen Enten, in Ufernähe zu schwimmen. Jetzt trat der Jäger aus seiner Deckung, erlegte das Wasserwild und schickte seinen Retriever zum Apportieren.

Ausgeprägte Spielfreude, enorme Ausdauer, dazu begeisterte Wasserfreudigkeit gepaart mit einem sehr guten Bringtrieb, außerdem ein dichtes, wasserabstoßendes Haarkleid waren alles Eigenschaften, die der kleine Hund brauchte, um diesen hohen Anforderungen gerecht werden zu können.

Auch die Chesapeake Bucht an der Ostküste Nordamerikas war reich an Wasservögeln. Außerdem wurde das Marschland der Küste regelmäßig von riesigen Zugvogelscharen aufgesucht. So ist es nicht verwunderlich, dass man gerade hier einen Hund heran-

Unterschiedliche Farbausprägungen beim Chesapeake Bay Retriever. D-Wurf „Brown Beaver", Züchterin: Karin Edle von Löw.

züchtete, der darauf spezialisiert war, geschossenes Flugwild zu apportieren. Eisiges Wasser, hohe Wellen, extrem kalte Winter, aber schwül-warme Sommer durften für ihn kein Problem darstellen. Nur ein Hund konnte sich bewähren, der enorm apportierbegeistert und ein kräftiger, unermüdlicher Schwimmer war, gleichzeitig aber auch extrem wetterunempfindlich und gewillt war, mit seinem Herrn zusammenzuarbeiten: eben ein **Chesapeake Bay Retriever**.

Es wird von Chessies berichtet, die so meisterhaft apportierten, dass sie in der Lage waren, bis zu 100 Enten am Tag aus eiskaltem Wasser an Land zu bringen! Ähnlich gute Apportierleistungen werden sonst nur noch von Labrador Retrievern beschrieben.

Da die angrenzenden Wälder reich an Haarwild waren, nahm man die ausdauernden Chesapeake Bay Retriever bald auch dorthin mit auf die Jagd. Ihren Mut und ihre natürliche Wachsamkeit machten sich die einheimischen Fischer und Jäger ebenfalls rasch zunutze und setzten Chessies zusätzlich als Bewacher ihres Hab und Gutes ein.

Gute Wacheigenschaften zeigt auch der **Curly Coated Retriever**. Deswegen wurde er insbesondere in Australien, wohin er Ende des 19. Jahrhunderts gelangte, häufig als Wachhund eingesetzt.

Die kleinen, dichten und wasserabstoßenden Locken seines Haarkleides machten ihn unempfindlich gegen längere Aufenthalte im Wasser. Sein ausgezeichneter und unermüdlicher Bringwille prädestinierte ihn für die Arbeit nach dem Schuss. Außerdem war er sehr kräftig, belastbar und äußerst ausdauernd – ein idealer Gehilfe also insbesondere bei der Entenjagd im Wasser und in sumpfigem Gelände. Rasch setzte sich der Curly auch als Gebrauchshund für die Haarwildjagd durch und wurde vermutlich wegen seiner Eigenständigkeit und Selbstsicherheit gerne von Wildhütern gehalten.

Weniger verbreitet als die anderen englischen Retrieverrassen waren Curlys bei sportlichen Wettbewerben wie z. B. den Field-Trials. Man schreibt das der Tatsache zu, dass sich Curly Coated Retriever aufgrund ihrer großen Selbstständigkeit dabei weniger gut dirigieren ließen als die anderen Retriever.

Obwohl insbesondere Labrador, aber auch Golden und Flat Coated Retriever im ausgehenden 19. Jahrhundert mit großem

Der Curly ist ein sehr ausgeglichener, selbstbewusster und selbstständiger Retriever.

Erfolg auf solchen Field-Trails geführt wurden, sind auch sie ursprünglich für den jagdlichen Einsatz gezüchtet worden.

Anders als die Fischer und Jäger der Chesapeake Bucht züchteten die reichen britischen Großgrundbesitzer Hunde nicht zum Gelderwerb oder für das eigene Überleben, sondern wohl eher zum Zeitvertreib. Auf ihren riesigen Landsitzen hatten sie nicht nur Muse genug, sich der Jagd hinzugeben, sondern sie besaßen vor allem auch ausreichende finanzielle Mittel, sich der Reinzucht der verschiedensten Hunderassen zu widmen. So waren sie bemüht, die Leistungen und jagdlichen Fähigkeiten ihrer Hunde immer mehr zu steigern, zu spezifizieren und an die eigenen Bedürfnisse anzupassen. Jeder strebte danach, einen eigenen, ganz spezifischen Jagdhundetyp hervorzubringen, der sich vor allem auch äußerlich von den anderen Hunderassen unterschied.

So bestimmte der Wunsch nach einem eleganten Hund mit einem langen, dunklen und seidenweichen Haarkleid, der zudem alle Vorzüge eines perfekten Apportierhundes zeigen sollte, auch die Zucht des **Flat Coated Retrievers.**

Der Flat Coated Retriever ist sehr feinfühlig und ausgesprochen lebhaft.

Freude an der Schaffung eines besonders ansprechenden äußeren Erscheinungsbildes dieser hochspezialisierten Jagdhunde war wohl ebenso für die Züchtung des **Golden Retrievers**, des charmanten Hundes mit dem langen, goldfarbenen Haarkleid mit verantwortlich.

Lulu, eine Vertreterin des ursprünglichen und dunkel goldfarbenen Golden Retriever-Typs. Besitzerin: Sally Gray-Bloechliger.

Wegen ihres ausgeprägten Bringtriebes und ihrer großen Wasserfreude wurden Flat Coated und Golden Retriever zunächst für die Jagd auf Wasservögel eingesetzt. Aufgrund ihres hervorragenden Spürsinnes bewährten sie sich aber auch ausgezeichnet beim jagdlichen Einsatz auf anderes Federwild sowie auf Haarwild.

Der **Labrador Retriever**, der wie angenommen ohne Einkreuzung anderer Hunderassen ebenfalls zunächst von einigen wenigen Großgrundbesitzern reingezüchtet wurde, behielt die kurze, relativ harte Fellstruktur, die schon bei der Mehrzahl der St. John's Hunde aufgetreten war.

Wie alle Retrieverrassen zeichnet sich auch der Labi wie er liebevoll genannt wird, durch die sogenannte 'Weichmäuligkeit' aus, der Fähigkeit, Wild so sanft aufzunehmen, dass es unversehrt bleibt. Diese Eigenschaft sowie seine vorzüglichen Apportierleistungen, seine große Ausdauer und die fast schon sprichwörtliche Begeisterung, für seinen zweibeinigen Begleiter zu arbeiten ('will to please') waren Gründe für seine große Verbreitung als Apportierhund für verschiedenstes jagdbares Wild in unterschiedlichstem Gelände.

Schön und leistungsstark zugleich: Der Dual-Purpose-Typ (Labrador Retriever).

Zu Anfang des 20. Jahrhunderts waren Labrador Retriever über ganz Großbritannien verbreitet und verdrängten allmählich die Curly, aber auch die Flat Coated Retriever.

Obwohl nun bereits Rassestandards existierten und die Reinzucht der verschiedenen Retrieverrassen begonnen hatte, nahmen einige britische Züchter noch Kreuzungen zwischen den einzelnen Rassen vor. Um spezifische Merkmale hervorzuheben und zu verstärken, verpaarten sie nicht selten z. B. Labrador und Flat Coated Retriever. Der englische Kennel Club erlaubte diese Kreuzungen noch bis ins Jahr 1916 und registrierte die Mischlingshunde.

Um den Genpool (Als Genpool bezeichnet man die insgesamt in der Population zur Verfügung stehenden Erbanlagen.) einzelner Rassen insbesondere im Hinblick auf ihren anspruchsvollen Einsatz als Blindenführhunde zu erweitern, werden auch heute gezielt Verpaarungen innerhalb verschiedener Retrieverschläge vorgenommen, so z. B. zwischen Golden und Labrador.

Aus dem Jagdalltag eines Retrievers

In Beschreibungen über den Jagdalltag eines Retrievers wird immer wieder darauf hingewiesen, wie wichtig das ausgeglichene Wesen und der ausgeprägte Arbeitswille dieser Hunde für ihren jagdlichen Einsatz sind. So war es in England beispielsweise üblich, mehrere Hunde gleichzeitig mit auf die Jagd zu nehmen. Spaniels und Setter mussten beispielsweise das Wild (Fasan, Rebhuhn u. a.) zunächst aufspüren bzw. vorstehen. Währenddessen musste sich der Retriever vollkommen ruhig verhalten und durfte sich durch die Arbeit der anderen Hunde nicht beeinflussen bzw. ablenken lassen. Auf keinen Fall durfte er 'einspringen', also ohne Kommando agieren. Er musste absolute Standruhe ('steadiness') zeigen.

Erst nachdem der Jäger zum Schuss gekommen war, wurde der Retriever geschickt. Ohne z. B. vor einem Dickicht zurückzuschrecken, musste er nun selbstständig und unermüdlich das geschossene Wild suchen oder das verletzte, fliehende Tier ('runner') über zum Teil beträchtliche Entfernungen zielstrebig verfolgen (seine Schleppspur 'ausarbeiten'), um es dann behutsam aufzunehmen, zuverlässig seinem Herrn zuzutragen und sicher in dessen Hand abzugeben.

Auch bei einer Entenjagd, bei der in kurzen Abständen mehrere Vögel geschossen wurden, musste der Retriever lernen, erst auf Kommando zu apportieren und nicht auszubrechen, um gleich den nach dem ersten Schuss fallenden Vogel zu holen. Nur wenn er ruhig und konzentriert sitzen blieb, war er in der Lage, den Fall des Vogels richtig zu 'markieren' (d. h. ihn mit größter Aufmerksamkeit zu verfolgen, um zu erkennen, wo er zur Erde oder ins Wasser fallen wird bzw. um sich seine Fallstelle zu merken). Nur so konnte er feststellen, ob mehrere Vögel getroffen wurden und in welcher Reihenfolge dies geschah. Es ist unbestreitbar, dass dazu außer absolutem Gehorsam eine beachtliche Gedächtnisleistung nötig ist.

Der Retriever im Wettstreit

Gegen Ende des 19. Jahrhunderts begann man in England damit, auf sportlichen Veranstaltungen miteinander zu wetteifern. In sogenannten (Retriever-)Field-Trials, in denen der Ablauf von Treib-

Eine der ursprünglichsten Aufgaben der Retriever war das Apportieren von geschossenem Federwild

jagden nachempfunden wurde, hatte nur der Retriever eine Gewinnchance, der mit Schnelligkeit und Gewandtheit arbeitete, außerdem exakte Nasenarbeit, Standruhe und sofortigen Gehorsam auf Kommandos zeigte. Um die Hunde immer schneller und leistungsfähiger zu machen, wurden schließlich reine 'Field-Trial (also Arbeits)-Linien' gezüchtet, die sich stark von den reinen 'Show (Ausstellungs)-Linien', die man jetzt ebenfalls hervorbrachte, unterschieden. Betroffen von dieser Entwicklung waren hauptsächlich Labrador und Golden Retriever.

Wie wir später noch sehen werden, birgt insbesondere die einseitige Betonung von Schönheit erhebliche Gefahren für die typischen Anlagen und Wesensmerkmale eines Hundes und somit für den Erhalt der betroffenen Hunderasse. Einigen wenigen Züchtern ist es zu verdanken, dass weiterhin auch die sogenannten Dual-Purpose-Typen Bestand hatten. So können wir uns glücklicherweise auch heute noch an schönen und gleichzeitig leistungsfähigen Tieren des ursprünglichen Retriever-Typs erfreuen.

Rassestandard

Wie bereits erwähnt, wurde Ende des 19. Jahrhunderts damit begonnen, die Retrieverrassen zu registrieren. In den neu gegründeten Kennel Clubs in England und Amerika wurden Stammbücher für Retriever eingeführt und Standards erarbeitet, welche die Reinzucht der einzelnen Rassen förderten. Die Koordination des Hundewesens auf dem europäischen Festland übernahm die FCI (Fédération Cynologique Internationale) mit Sitz in Belgien. Die Retriever werden dort in der Gruppe 8 (Apportier-, Stöber- und Wasserhunde) geführt.

Obwohl sie sich rein äußerlich zum Teil deutlich voneinander unterscheiden, sind den Retrievern ganz wesentliche anatomische Merkmale gemeinsam: so zum Beispiel ihre kräftigen Kiefer, ihr stark bemuskelter Hals und ihre muskulösen Schultern – anatomische Voraussetzungen dafür, auch schwere Beute tragen zu können. Die kräftige Vorhand und die sehr muskulöse Hinterhand ermöglichen es ihnen, schwungvoll zu agieren. Darüberhinaus sind sie alle ausgezeichnete und schnelle Schwimmer mit einem

Äußeres Erscheinungsbild eines Flat Coated Retrievers

1. Nasenschwamm, 2. Stop, 3. Nacken, 4. Widerrist, 5. Kruppe, 6. Rute (mit Befederung), 7. Oberschenkel, 8. Unterarm, 9. Vorbrust, 10. Hals (ohne Wamme).

dichten, wasserabstoßenden Haarkleid, enormer Ausdauer und einer robusten körperlichen Konstitution.

Die Standards im Einzelnen

Labrador Retriever

FCI-Nr. 122 c/8.1

Allgemeines Erscheinungsbild: Kräftig gebaut, kurz in der Lendenpartie, sehr aktiv; breiter Schädel, Brust und Rippenkorb tief und gut gewölbt; breit und stark in Lende und Hinterhand.

Charakteristika: Gutmütig, sehr bewegungsfreudig. Vorzügliche Nase, weiches Maul, ausgeprägte Wasserfreudigkeit. Anpassungsfähiger, treuer Begleiter.

Wesen: Intelligent, aufmerksam und leichtführig, mit großem Bedürfnis, seinem Besitzer Freude zu bereiten. Von freundlichem

Der Labrador Retriever ist äußerst anpassungsfähig und geht mit seinem „Rudel" durch Dick und Dünn.

Naturell, mit keinerlei Zeichen von Aggressivität oder unberechtigter Scheue.

Kopf und Schädel: Breiter Schädel mit deutlichem Stop, klar modelliert ohne fleischige Backen. Kiefer von mittlerer Länge, kraftvoll, nicht spitz. Nasenschwamm breit, gut ausgebildete Nasenlöcher.

Augen: Mittelgroß, dabei Intelligenz und gutes Wesen zeigend, braun oder haselnussfarben.

Behang: Nicht groß oder schwer, dicht am Kopf anliegend, hoch und ziemlich weit hinten angesetzt.

Gebiss: Kiefer und Zähne kräftig mit einem perfekten, regelmäßigen und vollständigen Scherengebiss, wobei die obere Schneidezahnreihe ohne Zwischenraum über die untere greift und die Zähne senkrecht im Kiefer stehen.

Hals: Trocken, stark, kraftvoll, in gut gelagerte Schultern übergehend.

Vorhand: Schulterblätter lang und schräg liegend. Vorderläufe mit kräftigen Knochen und von den Ellenbogen zum Boden gerade, sowohl von vorne wie auch von der Seite betrachtet.

Gebäude: Brust von guter Breite und Tiefe, stark gewölbter 'fassförmiger' Rippenkorb. Gerade obere Linie. Breite, kurze und kräftige Lendenpartie.

Hinterhand: Gut ausgebildet, nicht zur Rute hin abfallend, gut gewinkelte Kniegelenke. Tief stehende Sprunggelenke, Kuhhessigkeit im höchsten Maße unerwünscht.

Pfoten: Rund, kompakt; gut gewölbte Zehen mit gut ausgebildeten Ballen.

Rute: Charakteristisches Merkmal, sehr dick im Ansatz, sich allmählich zur Rutenspitze hin verjüngend, mittellang, ohne Befederung, jedoch rundherum stark mit kurzem, dickem und dichtem Fell bedeckt, damit in der Erscheinung 'rund', dies wird mit 'Otterrute' umschrieben. Kann fröhlich, sollte jedoch nicht gebogen über dem Rücken getragen werden.

Gangart/Bewegung: Frei, raumgreifend, dabei in Vor- und Hinterhand gerade und parallel.

Haarkleid: Charakteristisches Merkmal, kurz, dicht, nicht wellig, ohne Befederung, fühlt sich ziemlich hart an, wetterbeständige Unterwolle.

Farbe: Einfarbig schwarz, gelb oder leber-/schokoladenfarben. Gelb reicht von Hellcreme bis Fuchsrot. Ein kleiner weißer Brustfleck ist statthaft.

Größe: Ideale Schulterhöhe: Rüden 56–57 cm, Hündinnen 54–56 cm.

Fehler: Jede Abweichung von den vorgenannten Punkten sollte als Fehler angesehen werden, dessen Gewichtung in genauem Verhältnis zum Grad der Abweichung stehen sollte.

Anmerkung: Rüden sollten zwei offensichtlich normal entwickelte Hoden aufweisen, die sich vollständig im Skrotum befinden.

Exkurs: Farbvererbung beim Labrador Retriever

Die Grundfarben beim Labrador sind Schwarz und Leberfarben. Sogenannte Farbgene tragen die Informationen für schwarze (B) bzw. für leberfarbene Färbung (b). Gene für Schwarz werden dominant (überdeckend) vererbt, Gene für Leberfarben rezessiv (untergeordnet). Dominant vererbte Gene werden in der Vererbungslehre üblicherweise mit Groß-, rezessiv weitergegebene Gene mit Kleinbuchstaben symbolisiert.

Über zusätzliche Gene (Extensionsgene, die mit E bzw. e bezeichnet werden) wird vorgegeben, an welcher Körperstelle die Farbe Schwarz oder Leberfarben auftritt. Das dominante Extensionsgen E codiert für Farbe am ganzen Körper, das rezessive Extensionsgen e für Farbe nur an Nasenschwamm, Lefzen, Pfoten und Augenrändern.

Treten im Erbgut beider Eltern nur die Extensionsgene 'klein e' auf, dann werden die Nachkommen eine gelbe Fellfärbung zeigen und somit in Bezug auf dieses Merkmal reinerbig (homozygot) sein. Der Ausdruck homozygot bezeichnet demnach ein Genpaar, in dem das mütterliche und das väterliche Gen identisch sind (z. B. ee, EE, bb, BB). Im Gegensatz dazu werden Genpaare, in denen die mütterlichen Gene verschieden von den väterlichen Genen sind (z. B. Ee, Bb), heterozygot oder mischerbig genannt.

Schwarz	Leberfarben	Gelb
BBEE	bbEE	BBee
BbEE	bbEe	Bbee
BBEe	–	bbee
BbEe	–	–

Tabelle 1: Genotyp-Varianten für die Farbentwicklung beim Labrador Retriever

Wie aus Tabelle 1 hervorgeht, können der gleichen Fellfärbung (Phänotyp) unterschiedliche Kombinationen des Erbgutes (Genotypen) zugrunde liegen. Das erklärt, weshalb unabhängig von den jeweiligen statistischen Wahrscheinlichkeiten ein schwarzer Rüde mit dem Genotyp BBEE mit einer leberfarbenen Hündin bbEe beispielsweise mehr schwarze Welpen hervorbringt als ein schwarzer Rüde mit dem Erbgut BbEe, bei dem neben schwarzen auch leberfarbene und gelbe Tiere im Wurf auftreten können (s. S. 48).

Auch allein anhand der Fellfarbe der Elterntiere lässt sich einiges über die Färbung der zu erwartenden Welpen vorhersagen: So werden Nachkommen von zwei gelben Eltern stets gelb sein, nie schwarz oder leberfarben. Labradorwelpen, deren Eltern beide le-

Rüde: **BBEE**			Hündin: **bbEe**		
	B	B		b	b
E	BE	BE	E	bE	bE
E	BE	BE	e	be	be

		bE	bE	be	be Hündin
R	BE	**BbEE** schwarz	**BbEE** schwarz	**BbEe** schwarz	**BbEe** schwarz
ü	BE	**BbEE** schwarz	**BbEE** schwarz	**BbEe** schwarz	**BbEe** schwarz
d	BE	**BbEE** schwarz	**BbEE** schwarz	**BbEe** schwarz	**BbEe** schwarz
e	BE	**BbEE** schwarz	**BbEE** schwarz	**BbEe** schwarz	**BbEe** schwarz

Rüde: **BbEe**			Hündin: **bbEe**		
	B	b		b	b
E	BE	bE	E	bE	bE
e	Be	be	e	be	be

		bE	bE	be	be Hündin
R	BE	**BbEE** schwarz	**BbEE** schwarz	**BbEe** schwarz	**BbEe** schwarz
ü	bE	**bbEE** leberf.	**bbEE** leberf.	**bbEe** leberf.	**bbEe** leberf.
d	Be	**BbEe** schwarz	**BbEe** schwarz	**Bbee** gelb	**Bbee** gelb
e	be	**bbEe** leberf.	**bbEe** leberf.	**bbee** gelb (hell)	**bbee** gelb (hell)

berfarben sind, werden gelb oder leberfarben, aber nie schwarz sein. Haben beide Elterntiere eine schwarze Fellfärbung, können sowohl schwarze als auch leberfarbene und gelbe Welpen geboren werden.

Curly-Hündin Sita (rechts) mit ihren Töchtern „Aliette" (links, Besitzerin: Astrid Buschmann) und „Anjuli of Stony Creek" (Besitzerin: Irene Schwarz).

Obwohl derartige Voraussagen möglich sind, sollte bei einem Zuchtvorhaben trotzdem niemals die Farbe als Kriterium an erster Stelle stehen, denn die dabei nötige Beschränkung auf einige wenige geeignete Blutlinien kann die Gefahr, dass gesundheitliche Probleme auftreten, stark erhöhen.

Neben der Vermeidung ernsthafter Erkrankungen z. B. der Augen und Gelenke lassen sich anhand eines genauen Studiums der Ahnentafeln möglicher Paarungspartner und des Erscheinungsbildes ihrer bereits vorhandenen Nachkommen auch kleine 'Schönheitsfehler' z. B. bei der Farbausprägung vermeiden bzw. reduzieren. So können bei bestimmten Gen-Konstellationen der Elterntiere (z. B. BbEe × bbEe, bbEe × Bbee, Bbee × Bbee oder BbEe × Bbee) Labradorwelpen mit der Genfolge bbee geboren werden (siehe oben). Solche Tiere haben in der Regel eine gelb-braune Fellfärbung, außerdem weisen sie weder am Nasenschwamm noch an den Augenrändern Farbpigmente auf, so dass ihre Haut dort hellrosa (und damit wenig attraktiv) erscheint.

Farbvererbung bei den anderen Retrieverrassen:
Man vermutet, dass auch bei Flat und Curly Coated Retrievern die Vererbung der Fellfarben nach dem für den Labrador beschriebenem Muster erfolgt. Denn auch bei diesen beiden Retrieverrassen treten neben (hauptsächlich) schwarzen und (seltener) leberfarbenen Tieren immer wieder solche mit gelber Fellfärbung auf.

Golden Retriever

FCI-Nr. 111/8.1

Allgemeines Erscheinungsbild: Symmetrisch, harmonisch, lebhaft, kraftvoll, ausgeglichene Bewegung; kernig bei freundlichem Ausdruck.

Charakteristika: Wille zum Gehorsam, intelligent mit natürlicher Anlage zu arbeiten.

Wesen: Stets freundlich, sowohl Menschen als auch Tieren gegenüber, liebenswürdig und zutraulich.

Kopf und Schädel: Ausgeglichen und wohlgeformt, breiter Oberkopf, ohne grob zu sein, gut auf dem Hals sitzend, kräftiger, breiter und tiefer Fang. Fang von annähernd gleicher Länge wie der Schädel, ausgeprägter Stop. Nase schwarz.

Augen: Dunkelbraun, weit voneinander eingesetzt, dunkle Lidränder.

Behang: Mittelgroß, ungefähr in Höhe der Augen angesetzt.

Gebiss: Kräftige Kiefer mit einem perfekten, regelmäßigen und vollständigen Scherengebiss, wobei die obere Schneidezahnreihe ohne Zwischenraum über die untere greift und die Zähne senkrecht im Kiefer stehen.

Hals: Von guter Länge, trocken und muskulös, keine Wamme.

Vorhand: Vorderläufe gerade mit kräftigen Knochen, Schultern gut zurückliegend, langes Schulterblatt bei gleicher Oberarmlänge, dadurch gut unter den Rumpf gestellt. Ellenbogen gut anliegend. Von vorne gesehen sollen die Vorderläufe und Ellenbogen gerade stehen, weder nach innen, noch nach außen gedreht. Die Vorderläufe sollen kräftige Knochen aufweisen, die das Gewicht des Hundes mit Leichtigkeit tragen. Der Rücken sollte eine gerade

„Jolly Goblin's Glenaa-Blyth": Wie immer sehr aufmerksam und interessiert. Züchter: Marc Mennle, Besitzerin: Michaela Wiestler.

Linie vom Widerrist zum Rutenansatz bilden und weder abfallend noch hochgezogen sein.

Gebäude: Ausgeglichen, kurz in der Lendenpartie, mächtiger Brustkorb. Rippen tief und gut gewölbt. Gerade obere Linie.

Hinterhand: Lende und Läufe kräftig und muskulös. Unterschenkel von guter Länge, gut gewinkelte Kniegelenke. Tiefe Sprunggelenke, die, von hinten betrachtet, gerade sind, nicht ein- oder ausdrehend. Kuhhessigkeit ist im höchsten Maße unerwünscht. Die kräftige Muskulatur der Lendenpartie geht in eine ebenso kräftige Hinterhand über. Der Oberschenkel ist sowohl breit wie auch muskulös, der Unterschenkel lang, der Knochen zwischen Sprunggelenk und Pfote kurz.

Pfoten: Rund und geschlossen, nicht zu groß. Die Zehen nicht zu lang und gut gekrümmt, die Ballen ausgebildet und kräftig. Katzenpfoten.

Rute: In Höhe der Rückenlinie angesetzt und getragen, bis zu den Sprunggelenken reichend, ohne Biegung am Rutenende. Der Rutenansatz verläuft in einer Linie mit dem Rücken. Die Rute wird gerade getragen, entweder in der Höhe des Rückens oder ein wenig darüber, aber weder hoch über dem Rücken getragen noch herunterhängend zwischen den Hinterläufen. Sie sollte auf der Unterseite eine gute Befederung aufweisen.

Gangart/Bewegung: Kraftvoll mit gutem Schub. Gerade und parallel in Vor- und Hinterhand. Vortritt ausgreifend und frei, dabei in der Vorhand ohne ein Zeichen des Steppens. In der Bewegung sollte der Golden Retriever ein flüssiges, raumgreifendes Gangwerk zeigen mit viel Schub aus der Hinterhand. Die Vorderläufe werden dabei nicht zu hoch gehoben, die Pfoten und der Vordermittelfuß drehen sich weder ein- noch auswärts. Die Beine bewegen sich parallel.

Haarkleid: Glatt oder wellig mit guter Befederung, dichte wasserabstoßende Unterwolle.

Farbe: Jede Schattierung von Gold oder Cremefarben, weder Rot noch Mahagoni. Einige wenige weiße Haare, allerdings nur an der Brust, sind zulässig.

Größe: Schulterhöhe: Rüden 56–61 cm, Hündinnen 51–56 cm.

Fehler: Jede Abweichung von den vorgenannten Punkten sollte als Fehler angesehen werden, dessen Bewertung in genauem Verhältnis zum Grad der Abweichung stehen sollte.

Anmerkung: Rüden sollten zwei offensichtlich normal entwickelte Hoden aufweisen, die sich vollständig im Skrotum befinden.

Flat Coated Retriever

FCI-Nr. 121 b/8.1

Allgemeines Erscheinungsbild: Ein aufgeweckter, reger Hund von mittlerer Größe mit intelligentem Ausdruck; zeigt Kraft, ohne schwerfällig zu wirken, zeigt Rasse, ohne dabei schmächtig zu sein.

Charakteristika: Rundherum ausgestattet mit den natürlichen Eigenschaften eines Jagdhundes, Optimismus und Freundlichkeit wird durch enthusiastische Rutenbewegung demonstriert.

Ein Flat Coated Retriever, wie er dem Rassestandard entspricht: „Black Velvet of Stony Creek". Züchterin: Irene Schwarz, Besitzerin: Patrizia Gauss.

Wesen: Selbstsicher und freundlich.

Kopf und Schädel: Kopf lang und ansprechend geformt. Schädel flach bei mittlerer Breite, mit leichtem Stop in Augenhöhe, dabei in keiner Weise betont, so dass eine Konvergenz oder eine Divergenz nicht zu erkennen ist. Nase von guter Größe mit gut geöffneten Nasenlöchern. Kiefer lang und kräftig, dadurch imstande, Hasen oder Fasane zu tragen.

Augen: Mittelgroß, dunkelbraun oder haselnußbraun, mit sehr intelligentem Ausdruck (ein rundes hervorstehendes Auge ist sehr unerwünscht). Nicht schräg eingesetzt.

Behang: Klein und gut angesetzt, dicht seitlich am Kopf getragen.

Gebiss: Kräftige Kiefer mit einem perfekten, regelmäßigen und vollständigen Scherengebiss, wobei die obere Schneidezahnreihe ohne Zwischenraum über die untere greift und die Zähne senkrecht im Kiefer stehen.

Hals: Kopf gut auf dem Hals sitzend, wobei der Hals ziemlich lang und trocken sein muss, symmetrisch und schräg in der Schulter sitzend, dabei gut in den Rücken übergehend, um ein leichtes Folgen der Spur zu ermöglichen.

Vorhand: Eine tiefe und ziemlich breite Brust, an der sich die Ellenbogen frei und gleichmäßig vorbei bewegen sollen, deutlich ausgeprägtes Brustbein. Vorderläufe gerade, mit Knochen von insgesamt guter Qualität.

Gebäude: Die vordere Rippenpartie eher flach. Der Körper zeigt einen guten Rippenkorb, der sich erst allmählich gut wölbt, dann in der Mitte deutlich gewölbt ist und zur Hinterhand in der Wölbung abnimmt. Lende kurz und breit. Eine lange Lendenpartie ist höchst unerwünscht.

Hinterhand: Muskulös, gute, aber nicht übertriebene Winkelung der Knie- und Sprunggelenke. Die Sprunggelenke sind tief stehend. Sie soll gerade und parallel im Stand sein. Kuhhessigkeit höchst unerwünscht.

Pfoten: Rund und kräftig mit geschlossenen und gut aufgeknöchelten Zehen. Ballen dick und kräftig.

Rute: Kurz, gerade und gut angesetzt, freundlich, jedoch niemals wesentlich über der Rückenlinie getragen.

Gangart/Bewegung: Frei und fließend, gerade und parallel, sowohl von vorne als auch von hinten gesehen.

Haarkleid: Dicht, von feiner bis mittelstarker Textur und guter Qualität, so glatt wie möglich. Läufe und Rute gut befedert. Eine vollständige Befederung unterstreicht die Eleganz eines erwachsenen Hundes.

Farbe: Nur Schwarz oder Leberbraun.

Größe und Gewicht: Erwünschtes Gewicht bei harter Kondition: Rüde 25 bis 35 kg, Hündinnen 25 bis 34 kg. Erwünschte Schulterhöhe: Rüden 58 bis 61 cm, Hündinnen 56 bis 59 cm.

Fehler: Jede Abweichung von den vorgenannten Punkten sollte als Fehler angesehen werden, dessen Bewertung in genauem Verhältnis zum Grad der Abweichung stehen sollte.

Anmerkung: Rüden sollten zwei offensichtlich normal entwickelte Hoden aufweisen, die sich vollständig im Skrotum befinden.

Der Curly Coated ist die älteste englische Retrieverrasse; heute ist er weltweit eher eine Rarität.

Curly Coated Retriever

FCI-Nr. 110/8.1

Allgemeines Erscheinungsbild: Kräftig, rege, stolz und aufrecht, mit unverkennbarem Haarkleid.

Charakteristika: Intelligent und ausdauernd.

Wesen: Freundlich und selbstsicher.

Kopf und Schädel: Lang, gut proportionierter flacher Schädel, kräftige und lange Kiefer, weder spitz noch grob. Große Nasenöffnungen, Pigmentierung schwarz oder leberfarben.

Augen: Schwarz oder dunkelbraun, groß aber nicht hervortretend.

Behang: Ziemlich klein, tief angesetzt, gut am Kopf anliegend, mit kurzen Locken bedeckt.

Gebiss: Kräftige Kiefer mit einem perfekten, regelmäßigen und vollständigen Scherengebiss, wobei die obere Schneidezahnreihe ohne Zwischenraum über die untere greift und die Zähne senkrecht im Kiefer stehen.

Hals: Mittellang und trocken.

Vorhand: Schulterblätter sehr lang, muskulös und gut zurückliegend.

Gebäude: Gut gewölbter Rippenkorb, tiefes Brustbein, die Lende nicht lang oder aufgezogen.

Hinterhand: Kräftig, muskulös, Sprunggelenke tief stehend, Knie tief, gut gewinkelt.

Pfoten: Rund, kompakt, mit gut aufgeknöchelten Zehen.

Rute: Eher kurz, gerade, niemals hoch oder eingerollt getragen, dicht mit Locken bedeckt, sich zur Spitze verjüngend.

Gangart/Bewegung: Viel Boden deckend, mit gutem Schub.

Haarkleid: Der ganze Körper ist dicht mit krausen Locken bedeckt. Das wichtigste Rassemerkmal und von überragender Bedeutung.

Farbe: Schwarz oder Leberbraun.

Größe: Gewünschte Schulterhöhe: Rüden 68,5 cm, Hündinnen 63,5 cm.

Fehler: Jede Abweichung von den vorgenannten Punkten sollte als Fehler angesehen werden, dessen Bewertung in genauem Verhältnis zum Grad der Abweichung stehen sollte.

Anmerkung: Rüden sollten zwei offensichtlich normal entwickelte Hoden aufweisen, die sich vollständig im Skrotum befinden.

Chesapeake Bay Retriever

(inoffizielle deutsche Fassung)
FCI-Nr. 263/8.1

Allgemeines Erscheinungsbild: Gut proportionierter, dicht und stark behaarter Hund mit ölig erscheinendem Fell. Ein arbeitswilliges und lebhaftes Wesen mit einem intelligenten Ausdruck.

Kopf: Der Fang ist kurz, darf aber nicht spitz erscheinen. Der Schädel ist breit und leicht rund. Der Stop sollte nur mäßig gezeichnet sein. Hängende Lefzen gelten als unerwünscht.

Augen: Von mittlerer Größe, sehr hell, von gelblicher Färbung.

Behang: Verhältnismäßig klein und hoch am Kopf angesetzt, leicht hängend und von mittlerer Struktur.

Der Chesapeake Bay Retriever: Ein souveräner und ausdauernder Gefährte mit einer sehr robusten körperlichen Konstitution.

Gebiss: Kräftig ausgebildetes Scherengebiss.

Hals: Von mittlerer Länge und sehr muskulös.

Behaarung: Das Haar ist sehr dicht und kurz und sollte nicht länger als 3,75 cm sein. Die Unterwolle ist fein, dicht und stark wollig. An Fang und Läufen sehr kurz. Leicht gewellt an Schultern, Hals und Rücken sowie an den Lenden. Gelocktes oder vereinzelt gelocktes Fell ist fehlerhaft.

Körper: Breiter, kräftiger Brustkorb. Die Rippen sind abgerundet und tief. Der Körper hat eine mittlere Länge und ist andeutungsweise etwas abfallend. Eine geballte Form sowie ein Karpfenrücken sind fehlerhaft. Der Rücken ist verhältnismäßig kurz, kräftig, aber wohlproportioniert. Die Hinterhand ist sehr wichtig und von hoher Bedeutung bei der Bewertung. Sie sollte immer etwas höher liegen als die Schultern und genauso stark sein wie die Vorderhand.

Rute: Von mittlerer Länge mit starkem Ansatz. Eine leichte Fahne ist erlaubt. Sie soll nicht über den Rücken gerollt getragen werden.

Läufe: Die kräftigen und schräg gestellten Schultern müssen eine freie Bewegung zulassen. Die Läufe sind von mittlerer Länge und müssen sehr gerade gebaut sein bei starkem Knochenbau und guter Muskulatur. Der Vordermittelfuß soll leicht gebogen sein. Von mittlerer Länge sind Hintermittelfuß und die Sprunggelenke. Die Pfoten haben die Form von Hasenpfoten, die Zehen sind sehr gut abgerundet und geschlossen. An den Hinterläufen sind Afterkrallen fehlerhaft.

Größe: Schulterhöhe Rüden 58–66 cm, Hündinnen 53–61 cm.

Gewicht: Rüden 29–35 kg, Hündinnen 25–29 kg.

Farbe: Die Farbe kann variieren von Dunkelbraun über Herbstlaub- und Schilffarben bis Blassrot.

Nova Scotia Duck Tolling Retriever

FCI-Nr. 312/8.1

Allgemeines Erscheinungsbild: Der Toller ist ein mittelgroßer, kraftvoller, kompakter, harmonisch und gut bemuskelter Hund, Knochensubstanz mittel bis kräftig, mit einem hohen Maß an Flinkheit, Wachsamkeit und Entschlossenheit. Viele Toller zeigen einen etwas traurigen Ausdruck, bis sie an die Arbeit gehen; sodann wechselt ihr Aussehen zu intensiver Konzentration und Erregung. Bei der Arbeit zeigen die Toller eine schnelle, hetzende Aktion, wobei der Kopf fast in einer Ebene mit der Rückenlinie und der sich ständig bewegenden Rute ist.

Wesen: Der Toller ist sehr intelligent, sehr gelehrig und hat große Ausdauer. Als starker und befähigter Schwimmer ist er ein talentierter und zuverlässiger Apporteur zu Wasser und zu Land, jederzeit bereit, schwungvoll zu agieren, sobald auch nur das geringste Anzeichen zur Notwendigkeit des Apportierens gegeben ist. Sein ausgeprägter Apportiersinn und sein Spieltrieb sind die unentbehrlichen Grundlagen für seine Fähigkeit, Enten anzulocken.

Größe und Gewicht: Idealgröße für einen Rüden von mehr als 18 Monaten sind 48–51 cm, für eine Hündin von mehr als 18 Monaten 45–48 cm Schulterhöhe. Bis zu 3 cm mehr oder weniger als das Idealmaß sind statthaft. Das Gewicht sollte im Verhältnis

Die oberhalb der Rückenlinie getragene Rute ist Ausdruck erhöhter Aufmerksamkeit.

zur Größe und Knochenstärke stehen. Für einen erwachsenen Rüden gilt 20–23 kg, für eine erwachsene Hündin 17–20 kg.

Haarkleid und Farbe: Der Toller wurde gezüchtet, um aus eisigem Wasser zu apportieren; er muss ein wasserabweisendes, doppeltes Haarkleid haben. Dieses ist mittellang und weich mit einer noch weicheren, dichten Unterwolle. Das Haarkleid darf eine leichte Wellung auf dem Rücken aufweisen, ist ansonsten aber immer glatt. Manchmal findet man beim Winterfell lange, lockere Wellen im Kehlbereich. Die Befederung an Kehle, hinter den Ohren und an den Hinterseiten von Ober- und Unterschenkel ist weich, die Vorderläufe sind mäßig befedert.

Die Farbe besteht aus verschiedenen Schattierungen von Rot oder Orange, wobei die Befederung und die Unterseite der Rute farblich heller sind. Gewöhnlich ist mindestens eine der folgenden weißen Farbmarkierungen vorhanden: Rutenspitze, Pfoten (jedoch nicht höher reichend als bis zum vorderen Mittelfuß), Brust und eine Blesse.

Ein Toller, der ansonsten von einer hohen Qualität ist, darf nicht allein wegen des Fehlens eines weißen Abzeichens geringer bewertet werden. Die Pigmentierung der Nase, der Lefzen und der Augenränder soll fleischfarben, Ton in Ton mit der Farbe des Haarkleides oder schwarz sein.

Kopf: Der Kopf ist gut gemeißelt und etwas keilförmig.

Schädel: Der breite Schädel ist nur leicht gerundet, das Hinterhauptbein nicht hervortretend, ohne deutliche Backenbildung. Ein gutes Maß für einen durchschnittlichen Rüden ist 14 cm Abstand zwischen den Ohren. Diese Breite verjüngt sich auf ca. 4 cm am Ende des Nasenbeins. Die Länge des Kopfes beträgt ca. 23 cm von der Nase bis zum Hinterhauptbein. Auf jeden Fall muss der Kopf in richtiger Proportion zum Körper stehen. Der Toller hat einen mäßigen Stop.

Der Fang verjüngt sich in einer klaren Linie vom Stop zur Nase, wobei der Unterkiefer kräftig ist, doch nicht deutlich hervortritt. Die untere Linie des Fanges verläuft in einer nahezu geraden Linie von der Vorderkante der Lefze zur Hinterkante des Kieferknochens, wobei die Tiefe des Fanges in Höhe des Stops größer ist als an der Nase.

Das Haarkleid am Fang ist kurz und fein. Der Nasenschwamm verjüngt sich vom Nasenbeinknochen zur Spitze, mit gut geöffneten Nasenlöchern. Die Nasenfarbe sollte in Einklang mit der Farbe des Haarkleides oder schwarz sein.

Fang: Lefzen recht dicht anliegend, im Profil mit einer leichten Kurve, jedoch ohne schwere Belefzung. Das korrekte Gebiss ist das Scherengebiss, ein komplettes Gebiss ist vorgeschrieben.

Die Kiefer sind kräftig genug, um einen größeren Vogel tragen zu können, die Weichheit des Fangs ist unentbehrlich.

Augen: Die Augen sind gut voneinander entfernt, mandelförmig und von mittlerer Größe. Die Augenfarbe ist bernsteinfarben oder braun. Der Ausdruck ist freundlich, aufmerksam und intelligent. Die Umrandung der Augen sollte der Farbe der Lefzen entsprechen.

Behang: Die Ohren sind dreieckig, mittelgroß, hoch und weit hinten am Schädel angesetzt, dabei am Ansatz sehr leicht angehoben, gut befedert am hinteren Teil der Faltung, kurzes Haar an den abgerundeten Spitzen.

Hals: Der Hals ist stark bemuskelt und gut aufgesetzt, von mittlerer Länge ohne geringste Andeutung von loser Kehlhaut.

„Objibwa's Barribaloo". Züchterin: Elsbeth Wittwer, Besitzer: Günter Walkemeyer.

Vorhand: Die Schultern sollten muskulös sein, das Schulterblatt schräg zurück und gut gelagert, damit verbunden ein ausgeprägter Widerrist, der in einen kurzen Rücken übergeht. Schulterblatt und Oberarm sind ungefähr gleich lang. Ellenbogen dicht am Körper anliegend, weder aus- noch eindrehend, sie bewegen sich frei und gleichmäßig. Die Vorderläufe sehen wie zwei parallel stehende Pfeiler aus, gerade und starkknochig. Vordermittelfuß kräftig und etwas schräg stehend. Die mit kräftigen Schwimmhäuten versehenen Pfoten sind von mittlerer Größe, geschlossen und rund, mit gut aufgeknöchelten Zehen und dicken Ballen. Die Daumenkrallen dürfen entfernt werden.

Gebäude: Tiefer und gut gewölbter Brustkorb, das Brustbein reicht bis zu den Ellenbogen. Der Rücken ist kurz und gerade, die obere Linie eben, die Lendenpartie kräftig und muskulös. Der Rippenkorb ist gut gewölbt, weder fassförmig noch flach. Mäßig aufgezogene Bauchlinie.

Hinterhand: Muskulös, breit, gerade und parallel. Vor- und Hinterhandwinkelung ausgeglichen. Die Schenkel sind sehr muskulös, wobei Ober- und Unterschenkel etwa gleich lang sind. Kniegelenke gut gewinkelt, Sprunggelenke tief stehend, sie drehen weder ein noch aus. Afterkrallen dürfen nicht vorhanden sein.

Rute: Die Rute folgt in der Verlängerung der sehr leicht abfallenden Kruppe; sie ist breit am Ansatz, üppig und stark befedert und reicht mit dem letzten Schwanzwirbel mindestens bis zum Sprunggelenk. Die Rute darf unterhalb der Rückenlinie getragen werden, außer für den Fall, dass die Aufmerksamkeit des Tollers erregt wird. Dann wird die Rute hoch und gekrümmt getragen, den Körper darf sie jedoch niemals berühren.

Bewegung: In der Bewegung vermittelt der Toller den Eindruck von Kraft, ist schwungvoll und unbeschwert. Er zeigt viel Vortritt und starken Schub. Die Pfoten sollten weder ein- noch ausdrehen. Die Läufe bewegen sich in einer geraden Linie. Wenn die Schrittfolge schneller wird, sollte der Toller schnüren (pfoteneng auf einer Linie laufen), die Rückenlinie bleibt dabei eben.

Fehler: (Die Bewertung sollte genau im Verhältnis zum Grad der Abweichung stehen.) Rückbiss, Rute zu kurz, Rute geknickt oder über den Rücken gerollt mit Berührung des Rückens. Fehlende Substanz bei einem ausgewachsenen Toller. Divergierende oder konvergierende Kopflinie (Dish- oder Down-Face). Abrupter Stop. Große, runde Augen. Nase, Augenränder und Augen nicht in vorgeschriebener Farbe, deutliche Rosafärbung der Nase. Gespreizte oder dünne Pfoten, durchgetretener Vordermittelfuß. Offenes Haarkleid. Gekrümmter oder Senk-Rücken. Schlaffe Lendenpartie. Rute in der Bewegung unterhalb der Rückenlinie getragen.

Disqualifizierende Fehler: Weiß in der Schulter, um die Ohren, auf der Rückseite des Halses, über dem Rücken oder an den Flanken. Silbernes Haarkleid, grauer Anflug im Haarkleid, schwarze Stellen im Haarkleid. Unzureichende Schwimmhäute zwischen den Zehen. Vorbiss, Kreuzbiss. Bei erwachsenen Hunden jegliches Anzeichen von Scheuheit. Wechselnase. Rückbiss größer als 3 mm. Jede andere Schattierung als von Rot und Orange.

Anmerkung: Rüden sollten zwei offensichtlich normal entwickelte Hoden aufweisen, die sich vollständig im Skrotum befinden.

Wesensveranlagung

Mehr noch als ihre anatomischen Gemeinsamkeiten verbinden Wesen und Verhalten die verschiedenen Retrieverrassen. Dennoch gibt es nicht zu vernachlässigende Unterschiede zwischen den verschiedenen Rassen, auf die man insbesondere bei ihrer Erziehung eingehen und die man bei ihrer Ausbildung entsprechend berücksichtigen muss.

Exkurs: Der intelligente Retriever

Nach neuesten Untersuchungen über die sogenannte Gehorsams- und Arbeitsintelligenz bei verschiedenen Hunderassen konnten, trotz zahlreicher individueller Abweichungen, klare rassespezifische Unterschiede festgestellt werden. In der Rangfolge der 'hervorragenden Arbeitshunde mit erstklassiger Ausbildungsfähigkeit' belegten Golden, Labrador und Flat Coated Retriever mit die obersten Plätze, gefolgt von Chesapeake Bay und Curly Coated Retriever (Toller wurden nicht untersucht).

Der Grund: Die getesteten Retriever hatten neue Befehle wesentlich rascher erlernt und schneller und zuverlässiger darauf reagiert als viele andere Hunderassen. (Quelle: Die Intelligenz der Hunde von Stanley Coren, 1997).

Dieses Ergebnis ist beeindruckend. Es darf aber auf keinen Fall dazu verleiten zu glauben, Retriever würden sich ganz von allein ausbilden und benötigten deshalb keine Erziehung. So darf ihre viel gerühmte Leichtführigkeit niemals missverstanden werden!

Im Gegenteil, es sind gerade die leichtführigen Hunderassen, die bei ihrer Wesens- und Verhaltensentwicklung besonders stark von den Umwelterfahrungen und dem, was sie zusammen mit uns Menschen erleben können, abhängig sind.

Nur wenn wir es unseren Retrievern ermöglichen, im Welpen- und Junghundalter sämtliche Erfahrungen zu sammeln, die für eine gesunde Entwicklung unabdingbar sind, können sie eine ausreichende Sozialisation erfahren und nur dann sind sie in der Lage, Umweltsicherheit zu entwickeln und situationsgerecht zu reagieren. Und nur dann werden sie jenes retrievertypische Wesen entfalten, das wir so selbstverständlich von ihnen erwarten.

Labrador-Rüde „Glad Tidin
Alpha Star".
Züchterin: Simone Neureut
Besitzerin: Christine Neure

Retrievertypisches Wesen und Verhalten

- Retriever sind sehr freundliche, ausgeglichene und unerschrockene Hunde, die mit großer Hingabe und enormem Lerneifer mit ihrem Frauchen/Herrchen bzw. ihrer Familie zusammenarbeiten. Dabei sind sie sehr feinfühlig und ausgesprochen anpassungsfähig. Alle Retriever entwickeln eine sehr enge Bindung an ihr menschliches 'Rudel'. In Anlehnung an den Begriff 'Ein-Mann-Hund' werden die beiden Retrieverrassen Curly Coated und Chesapeake Bay häufig auch als 'Ein-Familie-Hunde' bezeichnet.
- Fremden gegenüber verhalten sich Chessy, Curly und Toller eher freundlich-zurückhaltend, während sich insbesondere Labi, aber auch Golden und Flat bei sehr entgegenkommenden Fremden rasch einzuschmeicheln verstehen. Geradezu stürmisch sind die Begrüßungszeremonien, die sie Mensch wie Hund entgegenzubringen vermögen. Ihre stets freudig wedelnde Rute ist ihr Markenzeichen. Da sie sehr aufmerksam und lernbegierig sind, gewöhnen sie sich aber daran, ihr Temperament zu zügeln und ihr Gegenüber nicht zu bedrängen. Frühzeitige Erziehung und äußerste Konsequenz im Umgang mit diesen Energiebündeln sind jedoch Voraussetzung dafür.

Die zum Teil überschäumenden Freudensbekundungen von Labrador, Golden und Flat Coated Retrievern sollten aber nicht Glauben machen, sie hätten keinen natürlichen Wachinstinkt: Unsere Labrador-Hündin Tessa beispielsweise verhält sich Fremden gegenüber ausgesprochen freundlich. Haben wir aber unser Wohnmobil an einem ruhigen Örtchen zum Rasten geparkt, ändert sich ihr Verhalten schlagartig. Äußerst wachsam beobachtet sie nun die Umgebung und registriert die kleinste Veränderung. Noch kein Spaziergänger ist dabei an uns vorbeigekommen, ohne dass sie ihn nicht lange vorher durch Knurren oder kurzes Bellen angezeigt hätte.

Einen ausgeprägten Wach- und Schutztrieb dagegen zeigen Chesapeake Bay und seltener Curly Coated Retriever. Bei wesensfesten und frühzeitig auf Menschen geprägten Hunden ist er aber niemals mit unnatürlicher Aggression oder Schärfe verbunden. Auch der Toller ist wachsam und hütet ausgesprochen gerne Haus und Hof.

- Alle Retriever sind äußerst begeisterungsfähig, sehr bewegungsfreudig und bis ins hohe Alter verspielt. Haben sie während ihrer Welpen- und Jugendentwicklung viele positive Erfahrungen im Umgang mit Kindern gemacht, verhalten sie sich ihnen gegenüber sehr geduldig und tolerant. Mit Artgenossen sind sie sehr verträglich, dennoch sollte man beim Zusammentreffen von erwachsenen Rüden keine 'Liebesbeweise' erwarten. Auch mit anderen (Haus)Tieren vertragen sich Retriever ausgezeichnet. Voraussetzung für ein harmonisches Miteinander sind frühzeitige und regelmäßige Kontakte zu Hunden aller Rassen und Altersgruppen bzw. zu zahlreichen anderen Tieren ihres Umfeldes.
- Toller, Chesapeake Bay und Curly Coated Retriever können ausgeprägte und recht eigenwillige Persönlichkeiten sein, die man aber niemals mit Härte anfassen darf, sondern stets behutsam und mit geduldiger Konsequenz behandeln muss. Ihre Loyalität gegenüber ihren Familien geht mitunter so weit, dass sie sich nur von Mitgliedern ihres eigenen 'Rudels' erziehen und ausbilden lassen. Deswegen ist gerade bei diesen Retrieverrassen eine frühzeitige Sozialisation mit Fremden außerordentlich wichtig.

  Obwohl insbesondere Labrador, aber auch Golden Retriever begeistert mit nahezu jedem Menschen zusammenarbeiten, können auch sie manchmal recht eigensinnig und beharrend sein. Von Flat Coated Retrievern wird ebenfalls berichtet, dass sie bisweilen ihren eigenen Kopf durchsetzen wollen.
- Aufgrund ihres äußerst anhänglichen Wesens verbringen Retriever ihr Leben vorzugsweise in unmittelbarer Nähe ihrer Menschenfamilie. Nach langsamer Gewöhnung bleiben sie aber durchaus für drei bis vier Stunden allein in vertrauter Umgebung und verhalten sich dabei sehr ruhig und ausgeglichen.

  Eine Ausnahme stellen mitunter Flat Coated Retriever dar: Sie müssen noch behutsamer und geduldiger als die anderen Retrieverrassen an das Alleinsein gewöhnt werden. Sonst kann es vorkommen, dass sie während der Abwesenheit ihrer engsten Bezugsperson nicht in der Lage sind, sich zu entspannen, sondern der Rückkehr ihres Menschen mit durchdringendem Fiepen und am ganzen Körper bebend entgegenfiebern.

Viel Geduld und Einfühlungsvermögen sind also nötig, um das Wesen und die Verhaltensweisen der Retriever zu verstehen. Ihre Erziehung und Ausbildung gelingt nur, wenn auf Härte verzichtet und mit viel positiver Zuwendung und Lob gearbeitet wird. Ob sich ein Retriever-Welpe zu einem ausgeglichenen, selbstsicheren und zuverlässigen Begleiter entwickeln kann, liegt demnach allein in unserer Hand.

Einsatzgebiete heute

Ihr ganz hervorragender Geruchsinn, ihr ausgeprägter Spür-, Stöber und Apportiertrieb, ihre rasche Auffassungsgabe, ihre große Arbeitsfreude und gute Lenkbarkeit und nicht zuletzt ihre robuste körperliche Konstitution und ihr freundliches Naturell prädestinieren Retriever nicht nur für die jagdliche Arbeit, sondern auch für einen Einsatz für Spezialaufgaben.

Retriever im Dienst von Behinderten

Wie alle Hunde gehen auch Retriever völlig unbefangen, aber dennoch mit der gebotenen Umsicht mit kranken oder behinderten Menschen um. Als Behindertenhunde lernen sie ganz bestimmte Aufgaben zu übernehmen und so den Mangel auszugleichen, der durch die Behinderung ihres Menschen entsteht. Sie ermöglichen ihm dadurch, ohne die Hilfe anderer Personen im Alltag zurechtzukommen und helfen ihm, neuen Mut zu schöpfen, um sein Leben zu bewältigen.

Was das zum Beispiel für einen blinden Menschen bedeutet, beschrieb uns Frau Petra H. in einem ihrer zahlreichen Vorträge. Über ihre Labrador-Blindenführhündin Navra sagte sie:

„Zuverlässig und motiviert leistet sie ihren Beitrag zu meinem mobilen und unabhängigeren Leben im Beruf, zu Hause und in der Freizeit... Navra kann sich auf mich verlassen, wie ich mich auf sie verlassen kann. Grundstein zu dieser über allem stehenden Tatsache ist ein intensives Verhältnis zwischen meiner Hündin und mir... Ich weiß bestimmt, wenn ich ihr durch das Hörzeichen 'Voran' sage, dass wir gehen können, sie aber eine Gefahr sieht, die

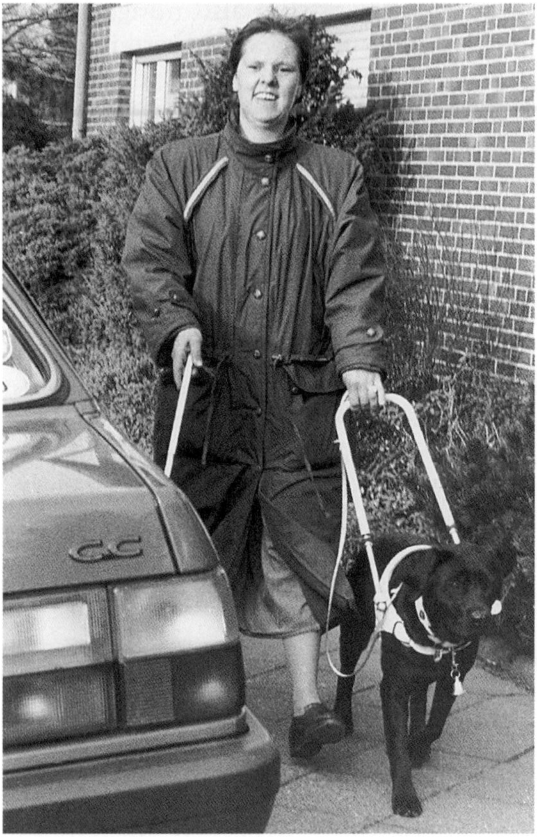

Blindenführhündin Navra im Dienst mit ihrer Besitzerin: „Navra sieht für mich. Sie ist die perfekte Hindernisumgeherin. Was ich früher mit dem Langstock mühsam auspendeln musste, umlaufen wir jetzt fast spielerisch."

ich womöglich überhört habe, wird sie meinen Befehl verweigern, und uns wird nichts geschehen. Da kann ich mich auf sie verlassen."

Ohne sich von optischen und akustischen Reizen ablenken zu lassen, lernen **Blindenführhunde**, ihren blinden oder stark sehbehinderten Menschen z. B. um Hindernisse herumzuführen, ihn vor näher kommenden Fahrzeugen oder einer überhängenden Markise, an der er sich verletzen könnte, zu warnen. Von dem sich hauptsächlich mit dem Geruchssinn orientierenden Hund erfordert diese Ausbildung, bei der vor allem sein Gesichtssinn gefordert wird, immense Lern- und Anpassungsleistungen.

Als sogenannte **Gehörlosenhunde** lernen Retriever, ihren tauben Menschen auf Geräusche aufmerksam zu machen, wie etwa auf das Läuten des Telefons oder der Türglocke.

Retriever werden auch dazu ausgebildet, ihren an den Rollstuhl gefesselten Menschen zu unterstützen, indem sie Gegenstände aufheben und zureichen, Türen öffnen und schließen, Schalter bedienen und vieles mehr. Die Vorzüge solcher **Behindertenbegleithunde** (in Amerika allgemein anerkannt und bekannt unter der Bezeichnung 'Service Dogs') für die Selbstständigkeit und das psychische Wohlbefinden vieler Behinderter auch in Deutschland publik zu machen, bemüht sich der 1991 ins Leben gerufene Verein 'Hunde für Handicaps' mit Sitz in Berlin.

Ein weiteres Einsatzgebiet von Retrievern ist beispielsweise die Unterstützung von Epileptikern: Wie verschiedene andere Hunderassen sind auch Retriever in der Lage, die geraume Zeit vor einem Anfall auftretenden und für den Kranken nicht wahrnehmbaren Frühsymptome zu erkennen und anzuzeigen. Es wird von Retrievern berichtet, die bevorstehende epileptische Anfälle 40 Minuten im Voraus melden können. Welche Art der Veränderung an ihren Menschen sie dabei registrieren, ist bis heute noch unerforscht.

Die Ausbildung eines Retrievers im Dienst für Behinderte beginnt zunächst in einer Patenfamilie, in der er sein erstes Lebensjahr verbringt. Dort erlernt der junge Hund den Grundgehorsam und wird insbesondere mit den spezifischen Umweltsituationen vertraut gemacht, mit denen er später zu tun haben wird. Nach umfangreichen Überprüfungen seines Gesundheitszustandes, seines Wesens und Verhaltens wird er, sofern er sich für eine weitere Erziehung zum Behindertenhund eignet, kastriert. Danach erfolgt in entsprechenden Ausbildungseinrichtungen die z. T. mehrjährige Schulung und Vorbereitung auf die Praxis.

Sicherlich auch wegen ihres ausgesprochen menschenbezogenen und freundlichen Wesens haben sich gerade Labrador und Golden Retriever im Zusammenleben mit Behinderten ganz besonders gut bewährt. Chesapeake Bay Retriever beispielsweise scheinen für den Blindenführhund-Einsatz nicht besonders gut geeignet zu sein.

So schreibt die bekannte Schweizer Chessie-Züchterin Maya Mächler:

„... obwohl alle ausgebildeten Hunde die Abschlussprüfung bestanden, entwickelten einige mit der Zeit eine allzu beschützerische Art ihren Blinden gegenüber, so dass sich ihnen weder Bus-Chauffeure, Arbeitskollegen, noch Familienmitglieder mehr nähern konnten" (Quelle: Chesapeake Bay Retriever, in: Flat Coated Retriever von Rosemarie Wild, 1993).

Therapiehunde

Auch bei der sogenannten 'tiergestützten Therapie' werden häufig Retriever (hauptsächlich Golden, Labrador und Flatcoats) eingesetzt.

Mit ihren speziell geschulten Besitzern besuchen sie zum Beispiel alte oder psychisch kranke Menschen, um sie emotional zu unterstützen und um ihnen Hoffnung und Zuversicht zu geben. Therapiehunde werden auch bei Herzinfarktpatienten oder im Rahmen von Resozialisierungsmaßnahmen bei jugendlichen Straftätern eingesetzt.

Im Gegensatz zur Ausbildung zum Blindenführ- oder Behindertenbegleithund, bei der er nur eine einjährige Patenschaft für den zukünftigen Führhund übernimmt, kann hier jeder Retrieverhalter mit seinem eigenen Hund aktiv werden. So kann er mit seinem zum Begleithund erzogenen Retriever beispielsweise an Ausbildungsseminaren zum Therapiehund teilnehmen (Informations-Adressen siehe Anhang), um anschließend mit ihm in therapeutischen Einrichtungen und Kliniken tätig zu werden: So könnten auch Sie dazu beitragen, dass der Hund als 'Co-Therapeut' insbesondere in Deutschland bekannter und vor allem gesellschaftlich anerkannt wird.

Rettungshunde

Sehr häufig werden Retriever (vor allem Labrador, Golden und Chesapeake Bay) zum Rettungsdienst ausgebildet und kommen u. a. als Trümmer- oder Flächensuchhunde zum Einsatz. Bis sie aber zusammen mit ihren Hundeführern zu einem Rettungseinsatz gerufen werden können, müssen Mensch und Hund eine sehr anspruchsvolle und zeitintensive Ausbildung durchlaufen.

Im Vertrauen auf seinen Führer erträgt dieser Labrador Retriever die Fahrt im Rettungskorb nahezu unbeeindruckt.

Selbst nach bestandener Prüfung sind jährliche Kontrollen ihres Könnens selbstverständlich.

Als **Trümmersuchhunde** lernen Retriever unter Geröllmassen, eingestürzten Häusern u. Ä. selbstständig und ohne ihren Führer (denn meistens besteht Einsturzgefahr) nach Menschen zu suchen und einen Fund z. B. durch Verbellen anzuzeigen. Dabei dürfen sie sich weder von lärmenden Räumgeräten noch von schwer zugänglichen Schächten oder langen Gängen abschrecken und von ihrer Suche abbringen lassen.

Bei der sogenannten **Flächensuche** müssen die Hunde ein Gelände, und sei es noch so unwegsam und unübersichtlich, gründlich nach Vermissten absuchen und anzeigen, wenn sie fündig geworden sind. Wie bei der Jagdhundausbildung lernen die Retriever auch hier, sich nicht durch dichtes Unterholz, flüchtendes Wild oder unvermittelt auffliegende Vögel ablenken zu lassen, sondern unbeirrt und unter höchster Konzentration die gestellte Aufgabe zu bewältigen.

Jeder Retrieverbesitzer kann mit seinem wesensfesten, verträglichen und gehorsamen Hund an einer Rettungshundeausbildung teilnehmen (Kontaktadresse siehe Anhang). Zuvor aber sollte Klarheit darüber bestehen, dass diese Beschäftigung mit dem Retriever nicht als reines Hobby anzusehen ist, sondern eine sehr ernsthafte Angelegenheit darstellt, die nur unter enormem zeitlichen, finanziellen und nicht zu unterschätzendem persönlichen Einsatz zu bewerkstelligen ist.

Drogen- und Sprengstoffspürhunde

Auch im Dienst als Drogen- oder Sprengstoffspürhunde haben sich Retriever (hauptsächlich Labrador und Flatcoats) ausgezeichnet bewährt. Ähnlich wie bei einer Ausbildung zum Rettungshund macht man sich beim Training den ausgeprägten Spieltrieb der Hunde zunutze. Mit nach Drogen oder Sprengstoff riechenden Spielutensilien werden die Retriever zunächst mit diesen Stoffen bekannt gemacht. Anschließend lernen sie, verschiedene Rauschgift- oder Sprengstoffarten sicher voneinander zu unterscheiden, gezielt nach ihnen zu suchen (in Möbeln, Autowracks, im Erdboden usw.) und sie ausfindig zu machen und anzuzeigen.

Jagdbegleiter

Retriever erfreuen sich auch in Deutschland als Jagdhunde zunehmender Beliebtheit. Ganz besonders geschätzt ist ihre hervorragende und zuverlässige Arbeit nach dem Schuss, so zum Beispiel auf der Spur angeschossenen Wildes oder auf der Schwimmspur

Seine angeborenen Fähigkeiten können sich erst dann vollständig ausprägen, wenn der Retriever mit seinem Menschen zusammen arbeiten darf: Joy mit ihrer Führerin Simone Neureuter.

von Entenvögeln. Aber auch vor dem Schuss zeigen Retriever beachtliche Leistungen, beispielsweise beim Buschieren (der Wildsuche in meist unübersichtlichem Gelände vor der Flinte des Jägers) oder beim Stöbern.

Ein Retriever-Welpe, der schon sehr früh auch mit Feder- und Haarwild Bekanntschaft machen kann und dessen Eltern sich bereits im jagdlichen Einsatz bewährt haben, bringt wohl die besten Voraussetzungen für eine jagdliche Ausbildung mit. An erster Stelle steht ein gründliches Gehorsams- und Apportiertraining. Dann erst wird mit Wild gearbeitet. Das jagdliche Training setzt sich aus verschiedenen Disziplinen zusammen, darunter sind Fächer wie Markieren, Einweisen, Freie Verlorensuche und das Verfolgen einer Schleppspur. Gearbeitet wird in unterschiedlichstem Gelände sowohl im Wald und auf freiem Feld als auch im Wasser.

Familienhunde

Das 'Haupteinsatzgebiet' aller Retrieverrassen ist unbestritten die Familie. Häufig wird jedoch vergessen, dass gerade diejenigen Retriever, die als reine Familienhunde ihren Dienst tun, ausreichend und artgemäß beschäftigt werden müssen, damit sie ausgelastet sind. Apportier- oder Geschicklichkeitsübungen auf dem Hundeübungsplatz oder im Gelände eignen sich ebenso zur Beschäftigung wie regelmäßiges Gehorsamstraining im Rahmen von Junghund- oder Begleithundekursen usw.

Die Aufgabenstellungen des **Dummytrainings** (Übungen mit Apportiergegenständen) sind denen der jagdlichen Ausbildung sehr ähnlich. Das Apportieren mit Dummies stellt somit eine sehr gute Alternative zum jagdlichen Einsatz dar, für den die Retriever ja ursprünglich gezüchtet wurden. Gibt man bereits dem Welpen ausreichend Gelegenheit, sich mit Dummies zu befassen, wird er diese Trainingsgegenstände mit Begeisterung akzeptieren. Selbst auf den täglichen Spaziergängen lassen sich kleine Apportier-Übungen einbauen, die dem Hund Abwechslung bieten und ihm gleichzeitig eine rassegemäße Beschäftigung ermöglichen.

Insbesondere die äußerst wendigen und weniger kompakten Retrieverrassen wie Nova Scotia Duck Tolling und Flat Coated Retriever eignen sich auch ausgezeichnet für **Agility** oder **Flyball**, hunde-sportlichen Aktivitäten und Geschicklichkeitsübungen, an denen jeder nur halbwegs bewegungsfreudige Retrieverhalter mit seinem Hund teilnehmen kann. Die Trainingsangebote sind sehr zahlreich und bei jedem Hundesportverein nachzufragen. Dass

Ausreichend gefordert und rassegemäß beschäftigt sind alle Retriever sehr ausgeglichene Hunde: Golden-Rüde „Sunbeam Gentle Barcley Even Power" bei der Arbeit. Züchterin: Beate Willeke-Pemöller, Besitzerin: Petra Beringer.

ein Retriever gerade für derartige Sportarten, bei denen häufig Hürden o. Ä. übersprungen werden müssen, absolut gesund sein muss (z. B. HD- und ED-frei, siehe unten), versteht sich von selbst.

(Das Arbeiten mit Dummies und die sportliche Beschäftigung mit dem Retriever wird in einem späteren Kapitel noch ausführlich erläutert.)

Leider müssen viel zu viele Retriever ohne ausreichende und rassegemäße Beschäftigung ihr Leben meistern. Nur allzu rasch sind diese lebhaften, arbeitswilligen und intelligenten Hunde dann unterfordert und zeigen Verhaltensweisen, die dem Besitzer nicht immer Freude bereiten. Ich hoffe mit diesem Buch dazu beizutragen, das Wesen der Retriever verständlicher zu machen und Möglichkeiten aufzuzeigen, richtig mit diesen bemerkenswerten Hunden umzugehen.

Betreuung durch Vereine

Im Jahre 1911 schlossen sich die nationalen kynologischen Dachorganisationen Hollands, Belgiens, Frankreichs, Österreichs und Deutschlands zur Fédération Cynologique Internationale zusammen mit dem Ziel, das Hundewesen grenzüberschreitend zu koordinieren. Heute ist die FCI der bedeutendste internationale kynologische Dachverband mit ungefähr 20 Mitgliedsstaaten. Zahlreiche weitere Hundeverbände in aller Welt sind ihr freundschaftlich verbunden, so z. B. der britische „The Kennel Club" und der „American Kennel Club".

Der nationale Dachverband für das Hundewesen in Deutschland ist der VDH (Verband für das deutsche Hundewesen e. V.), der in Dortmund ansässig ist. Die meisten deutschen Rassehundevereine sind Mitglieder des VDH und somit international anerkannt, so auch die drei **Retrieververeine Deutschlands**:

- der **DRC** (Deutscher Retriever Club e. V.), in dem alle sechs Retrieverrassen gezüchtet und betreut werden;
- der **LCD** (Labrador Club Deutschland e. V.), der sich der Zucht und Betreuung des Labrador Retrievers verschrieben hat und
- der **GRC** (Golden Retriever Club e. V.), der ausschließlich Golden Retriever züchtet und sich um deren Belange kümmert.

DRC und LCD sind außerdem Mitglieder des Jagdgebrauchshundeverbandes (JGHV).

Der Deutsche Retriever Club wurde 1963 gegründet und ist der älteste und mitgliederstärkste Retrieververein in Deutschland. Seine Landes- und Bezirksgruppen sind über das gesamte Bundesgebiet verteilt und stellen, obwohl es leider noch immer ein deutliches Nord-Süd-Gefälle gibt, eine recht gute Versorgung mit Ausbildungs- und Übungsangeboten sicher. In den beiden kleineren Vereinen LCD und GRC (gegründet 1984 bzw. 1989) ist man gerade dabei, die Infrastruktur weiter auszubauen.

Was leisten die Retrieververeine?

Der Bereich Zucht

Die Zielsetzung der Retrieververeine ist die Reinzucht gesunder, wesensfester und typischer Retriever und somit auch die Erhaltung und Förderung der verschiedenen Retrieverrassen als (Jagd-) Gebrauchshunde. Obwohl es unter den Züchtern Bestrebungen gibt, einerseits hochgezüchtete, hyperaktive 'Arbeitsmaschinen' und andererseits Retriever nur für den Ausstellungsring und ohne jedwede jagdliche Ambition hervorzubringen, ist es doch unbestritten, dass es dem Erhalt einer Hunderasse nicht förderlich ist, wenn bei der Zucht bestimmte Aspekte überbetont werden.

Sowohl die einseitige Hervorhebung der Leistungsfähigkeit als auch die einseitige Betonung äußerlicher Merkmale (Schönheit) bei der Zuchtwahl bergen die Gefahr, dass für die Rasse typische Wesensmerkmale verloren gehen. Nur die Erhaltung sämtlicher physischer wie psychischer Rassemerkmale der ursprünglichen Retriever stellt aber sicher, dass diese Hunde auch noch in Zukunft als friedfertige, robuste Familienhunde sowie als leistungsstarke und belastbare Gebrauchshunde einsatzfähig bleiben.

Um dieses Ziel zu erreichen, werden die meisten Zuchthunde Wesens-, Anlagen- und Leistungsüberprüfungen sowie Gesundheitstests, bei denen z. B. Gebiss, Gelenke und Augen untersucht werden, unterzogen. Eine Formwertbeurteilung schließlich entscheidet darüber, ob ein Retriever die Zuchtzulassungsbestimmungen der Retrieververeine bestehen kann und tatsächlich zuchttauglich ist.

Die Bemühungen der Zuchtvereine gehen dahin, alle Retrieverbesitzer (auch diejenigen, die nicht zu züchten beabsichtigen) von der Notwendigkeit der Wesens- und Gesundheitsuntersuchungen zu überzeugen. Angestrebt wird eine breite Datenbasis, auf deren Grundlage sogenannte **Zuchtwertschätzungen** erstellt werden können. Denn mit Hilfe dieser Methode ist es möglich, die sich hinsichtlich ihres Genmaterials am besten ergänzenden Zuchtpartner zu identifizieren und zusammenzuführen und somit der Entstehung einer zu schmalen Zuchtbasis entgegenzuwirken.

Eine zu geringe Zuchtbasis kann entstehen, wenn starke Reglements, die ja eigentlich begrüßenswert sind, alle die Tiere von der

Erst nach umfangreichen Beurteilungen seines Wesens, seiner natürlichen Anlagen und seines Gesundheitszustandes wird ein Retriever zur Zucht zugelassen.

Zucht ausschließen, die z. B. bezüglich ihres Gesundheitszustandes den Zuchtvoraussetzungen nicht optimal entsprechen. Dies sollte jedoch möglichst vermieden werden, weil der daraus resultierende Genpool zu klein werden und nun seinerseits wieder negative Auswirkungen auf Wesen und Gesundheit der Nachzucht haben kann.

Exkurs: Was ist ein Zuchtwert?

Unter einem Zuchtwert versteht man einen Zahlenwert für ein bestimmtes Merkmal z. B. HD (Hüftgelenk-Dysplasie), ED (Ellenbogengelenk-Dysplasie), Augenerkrankungen (wie Progressive Retina-Atrophie = PRA oder heredity cataract = HC), aber auch Schulterhöhe, Wesen usw. Dieser Zahlenwert beschreibt, welchen Effekt bestimmte Gene eines Tieres auf das von diesen Genen codierte Merkmal haben, wenn sie mit den entsprechenden Genen anderer Tiere dieser Rasse kombiniert werden. Mit anderen Worten: Der Zuchtwert ermöglicht Aussagen darüber, was die Erbanlagen eines Tieres in seiner Nachzucht bewirken. Je umfangreicher die Daten des betrachteten Hundes selbst, seiner Vorfahren und seiner eventuell bereits geborenen Nachkommen, umso eindeutiger der tatsächliche Zuchtwert eines Tieres.

Um vergleichende Aussagen machen zu können, legt man den Rassedurchschnitt für ein bestimmtes Merkmal (z. B. HD) bei einem Zahlenwert von 100 fest. Demnach vererbt ein Hund mit dem Zuchtwert 100 in durchschnittlichem Ausmaß. Eine Abweichung nach oben erhöht das Risiko der Nachkommen an HD zu erkranken, ein unter 100 liegender Zuchtwert vermindert es. Aus dem Durchschnitt der relativen Zuchtwerte der Elterntiere kann man schließlich abschätzen, was in ihren Nachkommen stecken wird.

Um Welpen hervorbringen zu können, deren Risiko für die Ausprägung einer HD unterdurchschnittlich ist, sollte eine Hündin, deren Zuchtwert für HD z. B. 106 beträgt, nur mit einem Rüden verpaart werden, dessen Zuchtwert für dieses Merkmal kleiner als 94 ist.

Die Anwendung von Zuchtwertschätzungen bzw. von Schätzungen der Genotypwahrscheinlichkeit bei Paarungen hat folgenden Vorteil: Die Beurteilung der Zuchttauglichkeit eines Tieres erfolgt nicht länger nur anhand seines Phänotyps, sondern auch anhand der Wirkung seines Genotyps auf die Nachkommenschaft. Für eine effektive Zucht ist das umso wichtiger, wenn man bedenkt, dass ein Hund mit gesunden Hüften, der sozusagen phänotypisch hüft-gesund ist, durchaus einen hohen Zuchtwert für HD aufweisen kann, weil er aufgrund seines Genotyps an seine Nachkommen überwiegend schlechte Hüften vererbt.

Auch wenn die Durchführung von Zuchtwertschätzungen für die Beurteilung von Zuchtkriterien äußerst wertvoll ist, entbindet uns das dennoch nicht davon, unser Augenmerk auch auf die Aufzucht-, Entwicklungs- und Haltungsbedingungen eines Retrievers zu richten. Denn Genetik ist nicht alles: Die Umweltbedingungen sind für die Ausprägung eines Körper- oder Wesensmerkmales mindestens genauso entscheidend. (Siehe dazu auch: „Einfluss von Ernährung und körperlicher Belastung auf die Ausprägung von HD und ED“ (S. 202 ff.) sowie: „Notwendigkeit früher positiver Erfahrungen für die Wesensentwicklung des Retrievers“ (S. 109 ff.).

Verbreitung der verschiedenen Retrieverrassen in Deutschland

Am stärksten vertreten sind Golden, gefolgt von Labrador Retrievern.

Die folgende Aufstellung zeigt, wie viele Welpen 1995 und 1996 beim VDH gemeldet wurden. Wie groß die 'Dunkelziffer', also die Anzahl der nicht beim VDH registrierten Welpen ist, lässt sich schwer abschätzen. Vermutlich liegt sie aber bei den beliebten Golden Retrievern recht hoch und dürfte auch bei den Labrador Retrievern nicht unerheblich sein.

Rasse	Welpen 1996	Welpen 1995
Chesapeake Bay Retriever	14	7
Curly Coated Retriever	0	0
Flat Coated Retriever	48	56
Golden Retriever	1567	1595
Labrador Retriever	938	984
Nova Scotia Duck Tolling Retriever	14	0

Ebenso werden auch alle Hunde, die aus dem Ausland importiert, und viele, die ins Ausland abgegeben wurden, nicht von dieser Statistik erfasst. Daher vermitteln die o. a. Zahlen lediglich einen Eindruck über die tatsächlichen Bestände von Retrievern in Deutschland.

Weitere Arbeitsgebiete

Der Bereich Zucht ist nur eines der zahlreichen Arbeitsgebiete der Retrieververeine. Ebenso wichtig wie die Schaffung einer soliden Zuchtbasis, die Beratung und Kontrolle der Züchter, die Schulung der Neuzüchter, die Zwinger- und Wurfabnahme usw. ist die artgerechte Erziehung der Hunde, ihre rassegemäße Beschäftigung und nicht zuletzt die ständige Information der Mitglieder.

Zu diesem Zweck werden eigens in der Erziehung von Retrievern geschulte Hundetrainer ausgebildet, die später bei Welpenspieltagen, in Junghunderziehungskursen, im Begleithunde- oder Dummytraining sowie bei der jagdlichen Ausbildung von Retrievern ehrenamtlich tätig werden. Zudem werden Prüfungs- und Ausstellungsrichter ausgebildet, die Begleithunde- und Dummy-

Retriever und ihre Menschen beim Begleithundetraining.

prüfungen abnehmen und bei jagdlichen Leistungsprüfungen oder im Ausstellungsring richten. In letzter Zeit werden immer häufiger auch Referenten für Fachvorträge geladen, welche die Mitglieder und Retrieverhalter umfassend zu aktuellen kynologischen Themen informieren. Das reichhaltige Angebot an Ausstellungen rundet die Angebotspalette der Retrieververeine ab, so z. B. die clubinternen Zuchtschauen oder die vom DRC veranstalteten landesgruppeninternen Spezialzuchtschauen.

Weshalb lohnt es sich, diese Angebote zu nutzen?

Wie wir bereits erfahren haben, benötigen alle Retrieverrassen vielfältige und abwechslungsreiche Beschäftigungsmöglichkeiten, damit sich ihre typischen Charaktermerkmale und Verhaltensweisen ausprägen können. Dazu gehören gleichermaßen Welpenspieltage (auf die später noch genauer eingegangen wird) wie Ausbildungsstunden auf dem Hundeübungsplatz oder im Gelände, gemeinsame Wanderungen, Prüfungen und Wettbewerbe.

Da bereits der junge Retriever vor Arbeitsfreude geradezu überschäumt, sollte man ihm so früh wie möglich Gelegenheit geben, mit seiner engsten Bezugsperson zu trainieren. Ist der Hund ungefähr fünf Monate alt, eignet sich dazu besonders gut das Junghundtraining für Retriever. Der Inhalt dieser Ausbildung ist speziell auf die Leistungsfähigkeit und die Bedürfnisse von fünf- bis zwölfmonatigen Hunden dieser Rassen abgestimmt. So werden beispielsweise Lernphasen immer wieder durch Spiel- und Ruhepausen unterbrochen, damit die Junghunde trotz ihres enormen Lerneifers nicht überfordert werden. Darüber hinaus werden bei der Erziehung (meist) Methoden angewandt, die der Psyche dieser zwar robusten, aber dennoch sehr empfindsamen und feinfühligen Hunde angepasst sind. Nicht nur den etwas sensibleren Naturen unter ihnen wie den Flatcoats oder Tollern kommen derartige Erziehungs- und Ausbildungsmethoden sehr zugute.

An das Junghundtraining schließen Begleithundekurse für Anfänger und Fortgeschrittene sowie Apportierkurse mit Dummies und/oder ein jagdliches Training an. Durch diese zahlreichen Angebote der Retrieververeine kann mit einigen Ausnahmen (siehe oben) gewährleistet werden, dass jeder Retrieverhalter die Möglichkeit bekommt, seinen Hund in jedem Lebensalter rassegemäß auszubilden und zu beschäftigen.

Voraussetzung zur Teilnahme an diesen retrieverclub-internen Übungs- und Prüfungsveranstaltungen (für Mitglieder sowie Nichtmitglieder) ist der Nachweis der FCI- bzw. VDH-anerkannten Ahnentafel des Retrievers.

Interessierte Clubmitglieder haben zudem die Chance, sich regelmäßig über die neuesten kynologischen und retriever-relevanten Erkenntnisse zu informieren, alle anderen vereinsinternen Angebote zu nutzen (wie z. B. das Betreuungsangebot für Retriever bei Krankenhausaufenthalt des Halters) oder an Retrieverwanderungen, Freizeiten, Ausstellungen u. a. teilzunehmen.

Außerdem können sie mit zahlreichen Gleichgesinnten Erfahrungen austauschen und in der Vereinsarbeit tätig werden, indem sie beispielsweise selbst die Initiative ergreifen und als Übungsleiter/in ein Retriever-Training auf dem örtlichen Hunde-Ausbildungsplatz auf die Beine stellen und somit anderen Retrieverbesitzern ermöglichen, ihre Hunde rassegemäß zu beschäftigen, zu fördern und auszubilden.

Der richtige Umgang mit Retrievern

Überlegungen vor dem Kauf

Mit einem Retriever zusammenzuleben kann zu einer unglaublichen Bereicherung Ihrer Erlebniswelt beitragen und Ihnen herrliche und unvergessliche Stunden bereiten. Seine Haltung wird aber mit Sicherheit auch grundlegende Veränderungen Ihres persönlichen Lebensrhythmus und liebgewonnener Gewohnheiten zur Folge haben. Niemals dürfen Sie sich deshalb kurz entschlossen und ohne reifliche Überlegung für den Kauf eines Retrievers – oder eines Hundes jeder anderen Rasse – entscheiden. Auch wenn Sie noch so sehr von einem Hund an Ihrer Seite träumen, führen Sie sich bitte immer wieder vor Augen, dass er ein empfindsames lebendes Wesen mit arteigenen Verhaltensweisen ist, die Sie akzeptieren müssen, und mit Bedürfnissen, zu deren ständiger Befriedigung Sie sich mit seiner Übernahme verpflichten.

Bin ich der richtige Partner für einen Retriever?

Wie wir gesehen haben, sind Retriever kräftige, temperamentvolle und intelligente Hunde mit einem enormen Arbeitswillen und großer Ausdauer. Ursprünglich als Jagdhunde gezüchtet, schlummert dieses 'Gebrauchshund-Erbe' nach wie vor in ihnen. Um Negativ-Erlebnissen (für Mensch und Hund) vorzubeugen, sollten Sie, bevor Sie die Anschaffung eines Retrievers in Erwägung ziehen und sich intensiver mit seiner Haltung beschäftigen, die nachfolgenden Fragen äußerst gewissenhaft überdenken und für sich ehrlich beantworten:

1. Passt ein Retriever überhaupt zu mir/uns?

Retriever sind sehr menschenbezogene Hunde. Auch wenn es unter ihnen Rassen gibt, die ausgeprägtere Wachsamkeit oder stärkeren Beschützerinstinkt zeigen, eignen sie sich trotzdem nicht zur

Etwas Ungewöhnliches hat Tessas Aufmerksamkeit erregt...

Ausbildung als Schutzhund. Wenn sie dennoch darauf dressiert werden, auf Kommando anzugreifen, widerspricht das ihrer rassespezifischen Veranlagung.

2. ***Kann ich/können wir genügend Zeit aufbringen, um einen so lebhaften Hund ausreichend und rassegemäß zu beschäftigen?***

Retriever sind sehr ausdauernde Hunde, die ausgedehnte Spaziergänge in abwechslungsreicher Umgebung und ausgelassene Spiele mit ihrer Familie und anderen Hunden unbedingt benötigen. Sie müssen sinnvoll beschäftigt werden, damit sie nicht verkümmern und als Folge Verhaltensauffälligkeiten oder Unarten entwickeln. Bereits als Welpen sollten sie ausreichend und regelmäßig Gelegenheit bekommen, insbesondere im Kontakt mit gleichaltrigen Hunden, angepasstes Sozialverhalten zu erlernen.

Um Ihrem Retriever ein ausgefülltes Leben zu bieten, müssen Sie nicht unbedingt jagdlich mit ihm arbeiten. Er ist ebenso ausgelastet und rassegemäß beschäftigt, wenn er mit Ihnen regelmäßig an Junghund- und Begleithundekursen, am Apportiertraining

Die Wasserfreudigkeit der Retriever ist geradezu außergewöhnlich.

mit Dummies, an hunde-sportlichen Veranstaltungen oder zum Beispiel an einer Ausbildung zum Rettungshund teilnehmen kann.

Wichtig ist also nicht unbedingt was, sondern dass Sie mit Ihrem Hund ausreichend arbeiten. Denn eine Unterforderung wirkt sich insbesondere bei Tollern, aber auch bei Flatcoats, Curly Coated und Chesapeake Bay Retrievern rasch negativ aus und hat dann nicht selten auch störende Verhaltensweisen zur Folge wie z. B. Abreißen von Tapeten, Annagen von Schuhen, anhaltendes Lautgeben o. Ä.

Wie Sie bereits wissen, sind alle Retriever begeisterte Schwimmer, die Wasser magisch anzieht. Sei es auch nur pfützengroß – mit sichtlichem Wohlbehagen wird es durchwatet oder zum ausgiebigen 'Suhlen' genutzt. Nur wenn Sie bereit sind, ein Handtuch zu Ihrem ständigen Begleiter zu machen und Wasser- und Schlammspritzer auf Ihrer Kleidung zu ertragen, dürfen Sie „Ja" zu einem Retriever sagen und sich auf einen freundlichen und zuverlässigen Familienhund freuen.

3. *Habe ich/haben wir genügend geeigneten Platz, um einen Retriever zu halten?*

Ein Retriever gehört niemals in einen Zwinger, sondern ins Haus zu seinem 'Rudel'. Dort werden Spuren der Hundehaltung natürlich nicht ausbleiben. Hundehaare beispielsweise können Sie bald in jedem Winkel Ihres Heimes finden. Lassen Sie sich auch vom kurzen Fell des Labrador oder Chesapeake Bay Retrievers nicht täuschen! Weit mehr als die Haarlänge ist die Dicke der Unterwolle für die Stärke des Haarens verantwortlich. Und Unterwolle besitzen gerade diese beiden Retrieverrassen reichlich.

Retriever eignen sich weniger gut für die Haltung in einer Etagenwohnung ohne Gartenanteil. Wesentlich wohler fühlen sie sich bei freiem Auslauf in einem Garten, in dem sie ihr Revier abstecken und das Leben um sich herum verfolgen können. Das Grundstück muss nicht riesig sein, vorausgesetzt Sie führen Ihren erwachsenen Hund zweimal täglich mindestens eine Stunde spazieren und arbeiten darüber hinaus regelmäßig mit ihm. Spätestens dann, wenn Sie Ihrem Welpen die Stubenreinheit lehren, werden Sie selber erkennen, wie wichtig ein Garten und somit Versäuberungsplatz in unmittelbarer Nähe der Wohnung ist.

Der Auslauf sollte eingezäunt sein. Die Höhe der Umzäunung ist davon abhängig, ob Sie Ihren Hund auch einmal für einige Zeit unbeaufsichtigt im Garten lassen wollen. Unsere Retriever-Hündin hat Zugang zu einem Garten, der ringsum mit einer nur 70 cm hohen Umzäunung versehen ist. Sie selbst hat bisher niemals versucht diesen Zaun zu überspringen, obwohl es ein Leichtes für sie wäre. Allerdings hat sie schon Besuch von Verehrern bekommen, die diese Umzäunung nicht als Hindernis angesehen haben. An derartige Gäste sollten Sie also denken, insbesondere dann, wenn Ihre Hündin läufig ist.

4. *Freuen sich wirklich alle Familienmitglieder auf einen Retriever?*

Sind auch Ihr/e Partner/in und Ihre Kinder mit der Anschaffung eines Hundes im Allgemeinen und eines Retrievers im Besonderen einverstanden? Können Sie nicht mit „Ja" antworten, sind Schwierigkeiten bei der Hundehaltung mit Sicherheit vorprogrammiert.

Entscheiden Sie sich bitte nur dann für die Anschaffung eines Hundes, wenn alle Familienmitglieder bereit sind, sämtliche Veränderungen, die sich durch seine Haltung ergeben, zu akzeptieren. Jedes Mitglied Ihrer Familie muss unbedingt gewillt sein, Wohn- und Lebensraum in den nächsten zehn bis fünfzehn Jahren Tag für Tag mit diesem Tier zu teilen, und es muss sehr viel Zeit für das neue 'Rudelmitglied' aufbringen. Mindestens ein Familienmitglied muss zudem bereit und in der Lage sein, den Retriever im Krankheitsfalle der engsten Bezugsperson angemessen zu versorgen. Denken Sie bitte immer daran: Ein Mangel an Zuwendung hat für einen Retriever verheerende Folgen!

Außerdem sollte in Fragen der Hundeerziehung Einstimmigkeit herrschen, denn insbesondere bei der Früherziehung des Retriever-Welpen müssen alle Familienmitglieder am gleichen Strang ziehen, um dem jungen Hund eine rasche Eingliederung in die menschliche Gemeinschaft zu ermöglichen.

5. Worauf muss beim Zusammenleben mit Kindern geachtet werden?

Gerade weil Retriever im Umgang mit Kindern sehr gutmütig sind, sollten Sie Ihren Kindern klarmachen, dass auch ein Hund respektiert werden muss und ein Recht auf Rücksichtnahme hat: So darf

der Hund z. B. nicht aus dem Schlaf gerissen oder gar als Spielzeug missbraucht werden. Bereiten Sie Ihre Kinder außerdem darauf vor, dass sie, solange der Retriever noch ein Welpe ist, ihre Spielsachen vom Boden aufräumen und die Türe zum Kinderzimmer geschlossen halten müssen. Denn erfahrungsgemäß ist in Spielzimmern der Fußboden mit Kunststoffbausteinen o. Ä. übersät, die der Welpe benagen und im schlimmsten Fall sogar verschlucken könnte.

Auch wenn alle Retrieverrassen sehr zuverlässige Spielgefährten für Kinder sind (vorausgesetzt, sie konnten während ihrer Welpenentwicklung genügend positive Erfahrungen mit Kindern sammeln) sollte man sie gerade wegen ihres temperamentvollen Wesens und der unterschiedlichen Kräfteverhältnisse zwischen ihnen und kleinen Kindern nicht unbeaufsichtigt miteinander spielen lassen.

6. *Wo und wie bin ich/sind wir es gewohnt, unsere Freizeit und Ferien zu verbringen?*

Sie sollten Freizeit und Urlaub so gestalten, dass Sie Ihr Hund möglichst immer begleiten kann. Beziehen Sie den Retriever in Ihr Leben mit ein! Nur dann wird er ein zufriedener und ausgeglichener Hund sein. Denken Sie bei Ihrer Freizeitplanung aber auch daran, dass Ihr Retriever von einer Flugreise in die Tropen oder von einem vierwöchigen Kulturtrip durch sieben Weltmetropolen nicht annähernd so begeistert sein wird wie Sie selbst.

Ist eine Trennung im Ausnahmefall unumgänglich, dann sollte Ihr Vierbeiner von ihm bereits vertrauten Menschen in einer ihm bekannten Umgebung betreut werden. Gerade auf dem Hundeübungsplatz entwickeln sich zahlreiche Freundschaften zwischen Hundehaltern, mit denen man dann für die Urlaubszeit entsprechende Arrangements nach dem Motto: „Nimmst Du meinen Hund, nehm' ich Deinen Hund!“ treffen kann.

7. *Lassen sich Berufstätigkeit und Hundehaltung miteinander vereinbaren?*

Nach langsamer Gewöhnung bleibt der erwachsene Retriever drei bis vier Stunden allein in vertrauter Umgebung. Ob Sie Ihm ein solches mehrstündiges Alleingelassenwerden regelmäßig zumuten wollen, müssen Sie selbst entscheiden. Sollten Sie aber ganztags außer Haus berufstätig sein und den Hund während dieser Zeit sich selbst überlassen müssen, beschränken Sie sich bitte weiterhin darauf von einem Hund zu träumen.

8. Bin ich bereit, die nicht unerheblichen finanziellen Kosten, die eine Hundehaltung mit sich bringt, zu tragen?

Weit mehr als die Anschaffungskosten schlagen die jährlichen Unterhaltskosten zu Buche. Denken Sie bei Ihrer Entscheidung auch an unvorhergesehene Tierarztrechnungen wie zum Beispiel bei Erkrankung Ihres Retrievers.

'Hausmannskost': Nahrungsmittel wie Fleisch und Flocken, außerdem Zusatzfutter wie Vitamin- u. Kalziumpräparate, Karotten und Öl Alternativ: Feucht-, Halbfeucht- oder Trocken-Alleinfuttermittel	850,– bis 1000,– 1000,– bis 1500 ,–
Beifutter wie Kauknochen, Hundekuchen, Trockenpansen, getrocknete Kopfhaut usw.	250,–
Impfungen (einschl. Zwingerhusten)	100,–
Entwurmungen (vierteljährlich wiederholt) bzw. Kotuntersuchungen	100,– bis 200,–
allg. Tierarztkosten	100,–
Hundesteuer	50,– bis 250,–
Hundehaftpflichtversicherung	90,– bis 200,–
Hundeausbildung (bei Mitgliedschaft in einem der Retrieverclubs)	60,– bis 180,–
Zusätzliches wie Halsbänder, Leinen, Sicherheitsgurt, Pflegeartikel, Ausbildungsutensil	200,–

Tabelle 2: Durchschnittliche jährliche Kosten der Retrieverhaltung in DM (Stand: Frühjahr 1998)

Die von den Retrieververeinen empfohlenen Welpenpreise liegen – abhängig von der jeweiligen Rasse – derzeit bei DM 1400,– bis DM 2000,–.

Was muss ich beim Retriever-Kauf beachten?

Die Qual der Wahl

Haben Sie alle Fragen gründlich überdacht und sind zu dem Schluss gekommen, dass Sie alle Einschränkungen Ihrer persönlichen Freiheit immer in Kauf nehmen werden und unter keinen Umständen auf das Zusammenleben mit einem Retriever verzichten wollen, dann können Sie sich darüber Gedanken machen, welche Retrieverrasse es sein soll.

Auch wenn Sie eine der sechs Rassen wegen ihres äußeren Erscheinungsbildes ganz besonders begeistert, sollten Sie dennoch sehr genau überlegen, ob es wirklich gerade dieser Retrieverschlag ist, der sich auch wesensmäßig für Sie, Ihre Bedürfnisse und Ihr Umfeld am besten eignet. Es ist schon ein großer Unterschied, ob Sie von einem noch ungestümen Labrador, der jedem Spaziergänger leidenschaftliches Interesse entgegenbringt, begleitet werden oder von einem Chesapeake Bay Retriever, der Fremden mit höflicher Distanz begegnet und der es sich zur Aufgabe gemacht hat, Sie und Ihre Familie jederzeit vor Gefahren oder Bedrohungen zu beschützen. Nicht zu unterschätzende Unterschiede gibt es z. B. auch bei den beiden Retrieverrassen Golden und Toller. Obwohl Nova Scotia Duck Tolling Retriever sehr häufig fälschlicherweise als 'kleine Golden-Ausgabe' angesprochen werden, haben sie nur rein äußerlich zahlreiche Gemeinsamkeiten mit den Golden Retrievern. Vergleicht man dagegen ihre Verhaltensweisen und ihr Temperament, dann wird schnell deutlich, dass sich gerade diese beiden Retrieverrassen erheblich voneinander unterscheiden: So gilt der Toller (neben dem Flat) als der spritzigste, flinkste und aktivste Vertreter unter den Retrievern, der Golden dagegen als der ruhigste.

Von Bedeutung für Ihre Entscheidung ist selbstverständlich auch, welches Betätigungsfeld Sie mit Ihrem Retriever anstreben: Soll er Sie auf die Jagd oder häufig auf längeren Strecken am Fahrrad begleiten, beabsichtigen Sie ihn als Therapiehund einzusetzen oder wollen Sie zusammen mit ihm am Agility-Sport teilnehmen?

Für einen jagdlichen Einsatz sind alle Retrieverrassen gleichermaßen geeignet. Dennoch scheint die Ausbildung von Flat Coated, Curly Coated und Chesapeake Bay Retrievern erheblich mehr

Fingerspitzengefühl zu erfordern als die der etwas 'dickfelligeren' Rassen Golden und vor allem Labrador Retriever. Um einem Toller bei der Ausbildung gerecht zu werden, gilt es ebenfalls einiges zu berücksichtigen wie z. B. seine ihm angezüchteten Verhaltensmuster bei der Arbeit am Wasser ('tolling', siehe unten).

Curly Coated Retriever sind beispielsweise begeisterte und äußerst ausdauernde Begleiter am Fahrrad und auch die lebhaften Flats genießen lange Fahrradtouren. Aufgrund ihrer enormen Ausdauer, ihrer Wendigkeit und ausgesprochen großen Bewegungsfreude sind neben den Flatcoats gerade Toller hervorragende Partner für sportliche Aktivitäten wie z. B. Agility oder Turniersport.

Wie Sie bereits wissen, haben sich im Einsatz als Therapie- und Behindertenbegleithunde insbesondere die beiden Retrieverrassen Golden und Labrador bestens bewährt. Beide sind sehr aufmerksame und liebenswürdige 'Zuhörer', die mit ihrem dahinschmelzenden Augenausdruck schnell die Herzen auch weniger hundefanatischer Zweibeiner erobern. Geduldig lassen sie selbst unsanftere Streichelprozeduren über sich ergehen. Gerade Labrador Retriever sind dafür bekannt, dass sie trotz ihres enormen Temperaments so leicht nicht aus der Fassung zu bringen sind. Sie sind unter den Retrievern sicher diejenigen, die sich von unangenehmem Ereignissen am wenigsten nachhaltig beeindruckt zeigen und länger als die anderen Rassen bereit sind, derartige Situation ruhig und gelassen hinzunehmen. Dennoch sollte auch ihre bewundernswerte 'stoische Ruhe' niemals überstrapaziert werden.

Legen Sie z. B. auch großen Wert auf ausgeprägte Wachsamkeit des Retrievers, dann könnte der Chessy ein idealer Gefährte für Sie sein. Unter den Retrievern benötigt aber gerade er die wohl individuellste, einfühlsamste und konsequenteste Behandlung.

Schon durch diese eben erwähnten Unterschiede in Bezug auf Charakter und Eigenschaften der Retrieverrassen wird klar, dass Sie ihre Entscheidung nicht nur anhand theoretischer Überlegungen treffen können und dürfen, sondern dass Sie die einzelnen Retrieverrassen auch sehr gründlich 'aus der Nähe' betrachten müssen: Hundeausstellungen, die zahlreichen clubinternen Trainings- und Prüfungsveranstaltungen sowie die Retrieverwanderungen bieten dazu reichlich Gelegenheit. In den Geschäftsstellen der Retrieververeine (Adressen siehe Anhang) gibt man Ihnen

Der Toller: kein Retriever für Anfänger.

gerne Informationen über Termine, Veranstaltungsorte und Ansprechpartner in Ihrer Nähe.

Nutzen Sie jede sich bietende Gelegenheit, das Verhalten der Retriever untereinander und im Umgang mit ihren Menschen genau zu beobachten und sich ein Bild von den Fähigkeiten und den Bedürfnissen der verschiedenen Retrieverrassen zu machen. Scheuen Sie sich nicht, die Besitzer der Hunde anzusprechen und sich nach deren Erfahrungen zu erkundigen. Im Allgemeinen sind 'Retrieverleute' äußerst kommunikative Menschen, die bereitwillig über Ihre vierbeinigen Begleiter Auskunft geben.

Meist sind unter den Ausstellern oder Prüfungsteilnehmern auch einige Züchter, die Sie befragen können, beispielsweise darüber, wann der nächste Wurf geplant ist und welche Ausbildungen die Zuchthunde haben.

Erfahren Sie z. B., dass ein Retriever aus einer **Körzucht** stammt, bedeutet dies: Seine Eltern haben beide eine Leistungsprüfung absolviert (Prüfungen, siehe unten). Kommt der Hund aus einer

Welpen benötigen vielfältige Beschäftigungsmöglichkeiten, um ihre Sinne zu trainieren und Umweltsicherheit aufzubauen.

Leistungszucht, dann haben Eltern und Großeltern Leistungsprüfungen bestanden.

Wo soll ich meinen Retriever-Welpen kaufen?

Kaufen Sie Ihren Hund niemals bei Tierhändlern!

Lassen Sie sich von vermeintlichen 'Billigangeboten' nicht ködern! Sie werden sich mit Sicherheit nicht auszahlen. Tierarzt- oder Hundepsychiaterrechnungen für kranke, vernachlässigte, falsch geprägte oder überhaupt nicht sozialisierte Hunde werden die Mehrausgaben für ein gesundes Tier aus der Zucht eines seriösen Retriever-Züchters rasch um ein Mehrfaches übersteigen.

Entscheiden Sie sich deshalb unbedingt für eine offiziell anerkannte und kontrollierte Zuchtstätte, aus der Sie Ihren Retriever übernehmen! Adressen erhalten Sie bei den vereinseigenen Welpen-Vermittlungsstellen der Retrieverclubs (siehe Anhang).

Da alle Retrieververeine ihren Züchtern nicht nur in Bezug auf die Gesundheit und Wesensfestigkeit der Zuchttiere sondern auch hinsichtlich der räumlichen Ausstattung und züchterischen Kompetenz strenge Reglements auferlegen, ist die Chance groß, dort einen erstklassigen Retriever-Welpen zu bekommen. Aber wie überall gibt es auch hier beträchtliche Unterschiede. Gehen Sie deshalb bei der Wahl Ihres Retriever-Züchters äußerst gewissenhaft vor und lassen Sie sich dabei sehr viel Zeit! Besuchen Sie mehrere Züchterinnen und Züchter und vergleichen Sie die Zuchthündinnen (wenn die Gelegenheit besteht, auch die Deckrüden) sowie die Aufzuchtbedingungen.

Auf folgende Punkte sollten Sie dabei besonders achten:

- Sind Hundelager, Auslauf und der Ort, an dem die Welpen aufwachsen, sauber?
- Haben Zuchttiere und Welpen ein gepflegtes Äußeres und vermitteln Sie den Eindruck bester Gesundheit, vollster Zufriedenheit und Lebensfreude?
- Sind Althunde und Welpen unbefangen, freundlich und kontaktfreudig?
- Befindet sich der Welpenauslauf in unmittelbarer Nähe zum (oder im) Wohnhaus und haben die Welpen engen menschlichen Kontakt? Oder herrscht eine Zwingerhaltung vor, bei der die Welpen weitgehend sich selbst überlassen bleiben?
- Haben die Welpen abwechslungsreiche Beschäftigungsmöglichkeiten und gibt man ihnen die Chance vielfältige Umweltbedingungen kennen zu lernen, um so ihre Sinne zu schulen?
- Werden die Welpen mit 'Dingen des täglichen Lebens' (Staubsauger, klappernde Topfdeckel, Küchenmaschine, Radio, Rasenmäher usw.) bekannt gemacht und lernen sie bereits im Auto mitzufahren (z. B. anlässlich eines kleinen Ausfluges ins Gelände)?
- Dürfen die sieben- bis achtwöchigen Retriever-Welpen mit anderen (geimpften!) Hunden Kontakt aufnehmen und mit den Besuchern spielen?
- Gefällt Ihnen die Art, wie der Züchter mit seinen Tieren umgeht?

Bedenken Sie bei Ihrer Wahl, dass die erste Zeit beim Züchter entscheidende Bedeutung für die weitere Entwicklung Ihres Retrievers haben wird: Gerade während seiner ersten Lebenswochen ist der Welpe außerordentlich aufnahmebereit für ganz spezifische Lerninhalte, die er in späteren Stadien seines Lebens nicht mehr oder nur noch sehr viel schwerer erlernen und weniger dauerhaft im Gedächtnis speichern kann (Prägungsphase, Kritische Periode). Negativerlebnisse bleiben ihm gerade jetzt stark in Erinnerung.

Überzeugt Sie die Atmosphäre der Zuchtstätte, dann lassen Sie sich vom Züchter die Ahnentafeln der Zuchthunde zeigen. Bitten Sie um Einsicht in die Ergebnisse der Röntgenuntersuchungen auf Hüftgelenk- und Ellenbogengelenk-Erkrankungen. Erkundigen Sie sich nach den jährlichen Augenuntersuchungen auf Progressive Retina-Atrophie, Retina-Dysplasie und vererbbaren Katarakt der Zuchthunde und deren Groß- und Urgroßeltern.

Da die genannten Gelenk- und Augen-Erkrankungen erblich bedingt sind und bei den verschiedenen Retrieverrassen leider relativ häufig auftreten, ist es sehr wichtig, dass Sie sich auch über den Gesundheitszustand der vorangegangenen Generationen informieren. Fragen Sie ruhig auch danach, ob in der Vergangenheit gehäuft Hypothyreose (Unterfunktion der Schilddrüse), Epilepsie, Allergien oder Tumorerkrankungen aufgetreten sind.

Um es nochmals zu betonen: Stellen Sie nicht die Schönheit, sondern die Gesundheit der Zuchttiere als Auswahlkriterium an erste Stelle!

Exkurs: Der Golden Retriever – ein Modehund

Wegen Ihrer Freundlichkeit und ihres ausgeprägten Spieltriebes sind gerade Golden Retriever ganz besonders bei Kindern sehr beliebt. Ihr attraktives Äußeres, ihr weiches, seidiges Fell und ihr warmherziger Gesichtsausdruck machen Golden Retriever nahezu unwiderstehlich. Der berechtigte Wunsch, mit diesen charmanten Hunden zusammenleben zu können, stieg aber leider wesentlich rascher an, als gesunde und wesensfeste Welpen aus Zuchtstätten erfahrener und verantwortungsvoller Golden-Züchter zum Kauf zur Verfügung standen. Das blieb nicht ohne negative Folgen für die Vorzüge dieser Rasse!

Um die enorme Nachfrage nach Golden Retrievern zu befriedigen, kamen vermehrt Tiere zum Zuchteinsatz, deren Nachkommen weder das typische Wesen eines Golden noch dessen robuste Gesundheit und Belastbarkeit aufwiesen. So traten beispielsweise

Durch „Züngeln" signalisiert dieser neun Wochen alte Golden-Welpe seine vorübergehende Unsicherheit.

häufig Hauterkrankungen und Nahrungsmittelallergien auf. Ja sogar von stark zunehmender Unverträglichkeit von Golden Retrievern mit anderen Hunden sowie von Bissigkeit und Aggressivität auch gegenüber Menschen war und ist die Rede.

In unser aller Verantwortlichkeit sollte es deshalb liegen, dem typischen Golden Retriever so rasch wie möglich ein Comeback zu sichern: Wenn alle potentiellen Golden-Käufer bereit sind, seriöse Züchter ausfindig zu machen, geraume Zeit auf Ihren Welpen zu warten und ihr Tier nicht als 'Wegwerfware' sondern als echtes Familienmitglied zu behandeln und zu fördern, und wenn sich wieder alle Golden-Züchter auf die Retriever-Zucht als Hobby besinnen (dazu zähle ich eine sehr sorgfältige Zuchtplanung und die Vermeidung von Paarungen eng verwandter Tiere, das Belegen der Zuchthündin nur bei jeder zweiten Läufigkeit und die Aufzucht von maximal drei bis vier Würfen pro Hündin, außerdem optimale Aufzuchtbedingungen der Welpen und Begleitung der Nachzucht und ihrer Besitzer ein ganzes Hundeleben lang sowie den freiwilligen Nachweis der Leistungs- und Arbeitsfähigkeit der Zuchthunde) und sie nicht länger als Gewerbe betrachten, dann wird diese charmante und äußerst leistungsfähige Retrieverrasse in Zukunft erneut allen Freude machen.

Denn nur erbgesunde, leistungsfähige Eltern und instinktsichere Muttertiere, außerdem arttypische Prägung sowie artgerechte Aufzuchtbedingungen seitens des Züchters und nicht zuletzt konsequente Erziehung und rassegemäße Beschäftigung durch den Hundehalter sind die Gewähr für gesunde, wesensfeste, ausgeglichene und arbeitsfähige Nachkommen.

Wann kann ich meinen Welpen aussuchen?

Sobald Sie sich für eine Zuchtstätte entschieden haben und die ausgewählte Hündin ihre Welpen zur Welt gebracht hat, vereinbaren Sie mit dem Züchter einen Besuchstermin. Um eine Störung der Mutterhündin und der Saugwelpen zu vermeiden, sollten Sie diesen Besuch jedoch auf keinen Fall vor Ablauf der dritten Lebenswoche der Welpen einplanen. In der vierten oder fünften Woche nach der Niederkunft der Hündin dürfen Sie dann endlich Ihrer Ungeduld nachgeben und die Kleinen besichtigen.

Bereits im Alter von fünf Wochen werden die Welpen häufig im Stehen gesäugt: Golden-Hündin „Jelloway of Scottish Pride“, genannt Nelly, mit ihrem zweiten Wurf. Züchterin: Ilse Mennle, Besitzerin: Michaela Wiestler.

Lassen Sie sich Zeit! Spielen und schmusen Sie mit allen Welpen! Zögern Sie nicht, sich vom Züchter beraten zu lassen, denn er kennt den Charakter seiner Hunde am besten und kann Ihnen helfen, das für Ihre Bedürfnisse am ehesten geeignete Tier zu finden. Nach Absprache dürfen Sie auch gerne mehrere Besuchstermine wahrnehmen, am besten zu unterschiedlichen Tageszeiten, denn die Welpen verhalten sich natürlich nicht an jedem Tag und zu jeder Tageszeit gleich.

Hündin oder Rüde?

Retriever-Hündinnen sind meist wesentlich kleiner und zartgliedriger als Retriever-Rüden. Rüden wiederum sind erheblich kompakter, haben einen größeren und breiteren Oberkopf und eine tiefere Brust. Bei ihnen bedarf es bisweilen etwas stärkerer erzieherischer Konsequenz, besonders dann, wenn sie sich ihrer Natur folgend zu läufigen Hündinnen momentan mehr hingezogen fühlen als zu ihrem Besitzer. Aber auch bei Hündinnen können sich kurz vor und während ihrer Läufigkeit Verhaltensveränderungen bemerkbar machen, die dem Halter eine gehörige Portion Einfühlungsvermögen abverlangen. Die Läufigkeit tritt bei Retriever-Hündinnen in der Regel zweimal im Jahr auf und dauert jeweils ungefähr drei Wochen.

Vorbereitungen des Haushalts

Haben Sie Ihren kleinen Liebling gefunden, werden Sie sicher sofort Ihren Kalender nehmen und seinen Abholtag (in der achten Lebenswoche!) rot markieren. Mindestens genauso wichtig ist aber auch, dass Sie sämtliche unnötigen und aufschiebbaren Termine der an diesen entscheidenden Tag anschließenden drei bis vier Wochen rigoros streichen. Der Retriever-Welpe wird in diesen ersten Wochen Ihre volle Aufmerksamkeit fordern!

Bevor Ihr neues Rudelmitglied schließlich ins Haus kommt, sollten Sie zumindest seinen Hauptaufenthaltsbereich auf 'Hundetauglichkeit' hin überprüfen. Giftige Zimmerpflanzen und winzige Kleinteile, die der Welpe fressen könnte, müssen Sie aus dem Bodenbereich entfernen. Stromkabel, die er in einem unbeaufsichtigten Moment anknabbern könnte, müssen hundesicher verstaut

Anhand der Kopfform sind Rüde (links) und Hündin deutlich voneinander zu unterscheiden.

werden. Ebenso sollten Sie kostbaren Nippes aus dem 'Schwanzwedelbereich' Ihres neuen Freundes verbannen: Die freudig getragene Rute ist das Markenzeichen der Retriever, erinnern Sie sich noch daran?

Mit Schmunzeln denke ich an so manche Situation, in der die begeisterten Peitschenschläge der 'Otterrute' unserer Labradorhündin einen noch retriever-unerfahrenen Gast zum blitzschnellen Ergreifen seines (am Rand unseres flachen Couchtisches stehenden) Weinglases veranlasst haben, um es im letzten Moment in Sicherheit zu bringen.

Überlegen Sie außerdem sehr sorgfältig, wo Sie Ihrem Retriever den Ruhebereich einrichten wollen. Ideal wäre ein zugfreier, nicht gerade vor der Heizung gelegener Platz, an den er sich ungestört zurückziehen kann, aber dennoch die Möglichkeit hat, das Leben um sich herum zu verfolgen. Wenn Sie sich häufig für jeweils mehrere Stunden in räumlich weit voneinander entfernten Bereichen aufhalten, sollten Sie es in Erwägung ziehen, dem Hund zwei Ruheplätze einzurichten. Denn nicht nur der Welpe, auch der erwachsene Retriever wird alles daran setzen, Ihnen während seines

Tagschlafes immer nahe sein zu können. Denken Sie auch darüber nach, an welcher Stelle der Hund sein Futter einnehmen und wo der Wassernapf seinen Standplatz bekommen soll.

Retriever sind sehr rasch- und noch dazu recht großwüchsig. Um ernsthaften Erkrankungen ihrer Gelenke und Bänder vorzubeugen, dürfen sie gerade während der Zeitspanne ihres stärksten Wachstums bis zum siebten Lebensmonat nicht zu stark belastet werden. Darauf müssen Sie nicht nur beim täglichen Spazierengehen und beim Spielen mit Artgenossen unbedingt achten, sondern auch zu Hause. So sollten Sie Ihren jungen Retriever möglichst keine Treppen hinaufsteigen, vor allem aber keine Stufen hinunterspringen lassen: Schutzgitter an Treppenauf- und abgängen haben sich ausgezeichnet bewährt, die kleinen Temperamentsbündel davon abzuhalten.

Nicht nur Welpen, auch Junghunde profitieren von derartigen Vorkehrungen ihres Halters, denn auf glatten Stufen können alle Vierbeiner leicht ins Rutschen kommen.

Welche Grundausstattung benötigt der Retriever-Welpe? Nutzen Sie die verbleibende Zeit, um noch einige Anschaffungen zu machen. Bedenken Sie, dass Sie in den ersten Wochen mit dem Welpen keine großen Einkaufstouren unternehmen können und ihn auf Schritt und Tritt mit sich nehmen müssen.

Was eignet sich als **Schlafunterlage**? Ein Hundekorb aus Korbgeflecht sieht zwar sehr dekorativ aus, ist nach der Welpenzeit aber oft nicht wieder zu erkennen. Besser eignet sich eine Hunde-Liegeschale aus Hartkunststoff, die leicht zu reinigen ist und mit einer Decke oder einem Kissen ausgelegt werden kann. Aber auch der Kunststoff ist vor den Nageanfällen des Welpen nicht immer sicher und somit unter Umständen nicht ganz ungefährlich für den jungen Hund. Ich verwende u. a. dicke warme und saugfähige Unterlagen aus Kunstfell. Sie sind in verschiedenen Größen (z. B. 75 × 100 cm und 100 × 150 cm) im Hundefachhandel erhältlich und werden einfach auf dem Fußboden oder einer ausgemusterten Matratze ausgelegt. Diese Decken können problemlos regelmäßig in der Waschmaschine bei 60 °C gewaschen werden. Außerdem haben sie einen großen Vorteil: Schnell sind sie zusammengerollt und auf kleinster Fläche verstaut, wenn es auf Urlaubsreise geht. Denn auf seiner gewohnten Schlafunterlage fühlt sich Ihr Hund selbst im fremden Hotel bald 'wie zu Hause'.

Sehr gut geeignet sind auch Hundekissen, die mit kleinen Kunststoffkügelchen gefüllt und mit einem waschbaren Bezug versehen sind. Unsere Hündin liebt diese Kissen sehr, wahrscheinlich auch deswegen, weil sie sich nach Hundeart eine bequeme Kuhle darin drehen kann.

Weiter benötigt Ihr Retriever einen **Futternapf** sowie einen **Wassernapf**. Ideal sind Edelstahlnäpfe, die an der Basis verbreitert und somit sehr standfest sind. Tonschalen sind recht schwer und bruchgefährdet. Kunststoffgefäße eignen sich für Welpen nicht. Sie werden beknabbert und in leerem Zustand gerne umhergetragen. Zu empfehlen sind außerdem höhenverstellbare Futterständer mit leicht zu reinigenden Schüsseln aus Edelstahl. Sehr praktisch für unterwegs sind Reisesets aus Kunststoff, in denen Futternapf und Wasserbehälter vereint sind. Sie sind über den Hundefachhandel zu beziehen.

Zweckentfremdeter Topfuntersatz . . .

Sorgen Sie bitte auch für ausreichend **Spielzeug** zum Benagen oder Zerreißen. Empfehlenswerter als teures Hundespielzeug sind Tennisbälle, verknotete Tücher, ausgestopfte Socken, leere Küchenpapierrollen und andere Kartonagen (ohne Metallteile!) sowie kleine Büffelhautknochen. Wenn Sie Ihrem Retriever trotzdem etwas 'Schönes zum Spielen' kaufen möchten, dann achten Sie bitte unbedingt auf qualitativ hochwertige Verarbeitung des Spielutensils. Lassen Sie sich im Zoofachgeschäft oder im Hundefachhandel ausführlich beraten.

Zwei weitere unentbehrliche Utensilien sind **Halsband** und **Leine**. Als Erstausstattung eignen sich ein 1,5 bis 2 cm breites, 40 cm langes Halsband sowie eine 1 m lange Leine (jeweils aus Leder- oder Textilgewebe). Leinen mit Metallgliedern und Lederschlaufen werden vom Welpen beim 'Bei-Fuß-Gehen' zwar nicht herumgezerrt oder zerbissen, sind aber für Sie als Führer beim späteren Junghundtraining auf dem Übungsplatz nur unbequem zu handhaben. Verbieten Sie Ihrem Retriever-Welpen stattdessen sofort und sehr konsequent, an seiner Leine zu zerren und zu beißen, wenn Sie ihn erstmals mit Leine Gassi führen und dieses Verhalten möglicherweise auftritt.

Wenn Sie sich zusätzlich eine **Hundepfeife** (z. B. doppelseitig aus Kunststoff mit hellem Pfiff und Triller) sowie ein **Welpen-Dummy** (ca. 200 g schweres Apportel aus weichem Naturmaterial) besorgen, ist die Grundausstattung für Ihren Retriever-Welpen komplett.

Dass Sie mindestens ein halbes Dutzend Frotteehandtücher zum Abrubbeln Ihres wassernärrischen Hausgenossen besitzen und dass sich in Ihrem Haushalt eine leistungsfähige Waschmaschine sowie ein für den Dauerbetrieb geeigneter Staubsauger befinden, setze ich natürlich voraus.

Abholung des Welpen

Der große Tag ist gekommen und Sie fahren zum Züchter, um Ihren Retriever abzuholen. Nehmen Sie einen Begleiter mit, der Ihren Welpen während der Autofahrt auf dem Schoß halten kann.

Selbst ein Toller-Welpe muss einmal eine Verschnaufpause einlegen.

Besser noch ist es, wenn Sie sich selbst um Ihren Kleinen kümmern können. Bereits dieses erste Beisammensein wird für Ihr weiteres Zusammenleben prägend sein: Der Welpe lässt sich von Ihnen streicheln und beruhigen, er empfindet Geborgenheit und gewinnt Vertrauen zu Ihnen.

Vergessen Sie nicht, eine warme Decke, einige saugfähige Tücher und – sollte es gerade Sommer sein – Trinkwasser und einen Wassernapf mitzunehmen.

Formalitäten

Vom Züchter bekommen Sie einen Kaufvertrag und die Ahnentafel Ihres Retrievers. Weiter erhalten Sie sein Impfbuch mit den Eintragungen der bereits vorgenommenen Injektionen sowie die Termine für die nächsten anstehenden Impfungen und Wurmkuren.

Damit sich der junge Retriever nicht bereits in den ersten Tagen im neuen Heim auf ein anderes Futter umstellen muss, bekommen Sie in der Regel auch etwas Welpenfutter (einschließlich Dosierungsanweisungen und gewohnten Fütterungszeiten) mit nach Hause.

Erfreulicherweise bieten immer mehr Retrieverzüchter selbst Welpenspielstunden an. Vielleicht haben Sie Glück, und Ihr Züchter zählt dazu. Dann vergessen Sie nicht, sich Termine und Veranstaltungsort zu notieren!

Der erste Tag mit dem Retriever-Welpen

Auf der Heimfahrt

Der Welpe hat am Abreisetag vom Züchter keine oder nur eine kleine Mahlzeit erhalten. Füttern auch Sie ihn während der Fahrt nicht, damit er sich nicht übergeben muss und so schlechte Erfahrungen mit dem Autofahren macht. Spielen Sie vor Antritt der Fahrt ausgiebig mit Ihrem Hund, dann wird er bald müde werden und die meiste Zeit ruhig schlafen. Sollte er doch unruhig werden und speicheln, machen Sie eine Rast und spielen Sie mit ihm. Vielleicht löst er sich. Er wird wieder schläfrig werden und Sie können Ihre Heimfahrt fortsetzen.

Wenn Sie auf Ihrer Fahrt eine Rast einlegen, dann tun Sie es bitte nicht auf einem Parkplatz direkt an der Autobahn. Fahren Sie lieber an einen etwas abgelegen Ort, an dem Ihr Retriever relativ ungefährdet umherlaufen kann (weniger Fahrzeuge und u. U. infektiöser Hundekot).

Im neuen Zuhause

Die Spielregeln

Daheim angekommen, bringen Sie Ihren Kleinen zuerst in den Garten an den Platz, an dem er auch in Zukunft Kot und Harn absetzen soll. Reden Sie ihm freundlich zu und setzen Sie jetzt bereits das Wörtchen ein, auf das hin er sich auch später versäubern soll. Haben Sie Geduld! Löst sich Ihr Welpe, wiederholen Sie dieses Schlüsselwort während des ganzen Geschehens in hoher Stimmlage. Loben Sie ihn anschließend gebührend!

Nachdem Sie ihn wieder ins Haus getragen haben, sollte Ihr Retriever Gelegenheit bekommen, alles zu erkunden und ausgiebig zu beschnüffeln. Bleiben Sie in seiner Nähe und beobachten Sie ihn! Sollte er sich anschicken, an den Teppichfransen oder anderen für ihn verbotenen Gegenständen zu knabbern, verbieten Sie es. Dazu genügt ein in tiefer Stimmlage gesprochenes „Nein“. Sie brauchen überhaupt nicht laut zu werden. Bedenken Sie, Ihr Hund hat ein sehr empfindliches Gehör. Wiederholen Sie Ihr Verbotswort aber konsequent, wann immer er wieder etwas Verbotenes probieren will.

Wichtig dabei ist, dass Ihre Maßregelung sofort erfolgt, so dass sie vom Welpen auch sicher mit seinem Vergehen in Verbindung gebracht werden kann.

Sind Sie mit dem Verhalten Ihres Retrievers einverstanden, vergessen Sie nicht, ihn ausgiebig dafür zu loben. Verwenden Sie dabei immer dieselben, in hoher Stimmlage gesprochenen Worte wie z. B. „Braaaav, Tessa“.

Den Namen Ihres kleinen Welpen setzen Sie natürlich auch schon ein – aber nur im Zusammenhang mit einem Lob, nie mit Tadel! Der Hund soll lernen, dass dieses Wort stets etwas Positives für ihn bedeutet. Bereits in diesen ersten Stunden im neuen Heim legen Sie so den Grundstein für die erfolgreiche Erziehung Ihres Retrievers.

Begehen Sie bitte nicht den Fehler zu denken, Sie dürften dem Welpen am ersten Tag in der fremden Umgebung noch nichts verbieten. Ihr junger Hund weiß nicht, was in Ihrem Haushalt erlaubt und was verboten ist. Geben Sie ihm gleich jetzt die Chance es zu erlernen und verunsichern Sie ihn nicht dadurch, dass Sie heute erlauben, was Sie morgen verbieten müssen. Werden Sie bei Ihren Maßregelungen aber niemals grob oder ausfallend! Es reicht völlig aus, liebevoll konsequent zu sein.

Beobachten Sie Ihren Welpen: Er genießt es ganz offensichtlich, durch Befolgen der Spielregeln freundlich klingende Worte und Geborgenheit vermittelnde Verhaltensweisen auszulösen. Der erste Schritt zur gegenseitigen freundschaftlichen Verständigung ist gemacht.

An diesem ersten Tag sollten Sie keine wilden Begrüßungsorgien feiern und Ihren Welpen auf keinen Fall überfordern. Auch Ihre Kinder sollten Sie bitten, alle Tätigkeiten mit Ruhe und Bedacht durchzuführen. Und dennoch, spätestens jetzt zeigt sich, welche Vorteile es hatte, dass Sie einen Züchter ausgewählt haben, bei dem die Retriever-Welpen in ihren ersten Lebenswochen engen Familienanschluss hatten und bereits menschliches Verhalten kennen gelernt haben.

Ihr kleiner Welpe wird nach den Anstrengungen der ersten Erkundungsgänge müde werden. Nehmen Sie ihn zu sich und setzen Sie sich mit ihm zusammen an seinen Ruheplatz. Er wird dort schnell einschlafen. Wenn er wieder erwacht, bringen Sie ihn zuallererst an seinen Versäuberungsplatz in den Garten, danach spielen Sie ausgiebig mit ihm. Erinnern Sie sich an den Futterplan, den Sie vom Züchter mitbekommen haben und bereiten Sie Ihrem Retriever seine erste Mahlzeit zu. Lassen Sie ihn zuschauen und machen Sie die Sache ungeheuer wichtig. Füttern Sie ihn jetzt bereits am vorgesehenen Futterplatz. Nach dem Fressen bringen Sie ihn wieder zum Versäubern.

Vom Toben erschöpft schläft dieser kleine Welpe geradewegs dort ein, wo ihn die Müdigkeit überkommt.

Die erste Nacht

Vergessen Sie nicht, Ihren Welpen auch dann, wenn er während der Nacht wach wird, sofort zum Lösen in den Garten zu bringen. Dabei ist es natürlich besonders vorteilhaft, wenn Sie sein Nachtlager direkt neben Ihrem Bett aufgeschlagen haben. Sie können dann sehr schnell feststellen, ob er sich versäubern muss.

Damit auch Frauchen und Herrchen ihre wohlverdiente Nachtruhe bekommen, wird häufig empfohlen, dem Welpen nahe seines Lagers einen Stapel Zeitungen auszulegen, damit er sich darauf versäubern kann. Der Welpe löst sich bereits seit seiner dritten Lebenswoche nicht mehr an seinem Schlafplatz. Er wird also bei Bedarf sein Lager verlassen und auf den weichen und saugfähigen Zeitungen Harn und Kot absetzen. Bei Anwendung dieser Methode ist aber nicht auszuschließen, dass Sie Ihren Welpen geradezu darauf prägen, sich auf weichen Unterlagen im Haus zu lösen.

Gönnen Sie Ihrem kleinen Retriever-Welpen besonders in dieser Nacht, in der er zum ersten Mal von Mutter und Geschwistern getrennt schlafen muss, Ihre unmittelbare Nähe und einige Streicheleinheiten. Wenn er in ein paar Wochen stubenrein ist und die ganze Nacht durchschläft, kann er ja immer noch seinen endgültigen Schlafplatz beziehen. Sie brauchen keine Bedenken zu haben, dass er zeitlebens in Ihrem Schlafzimmer übernachten wird, wenn Sie ihn in den ersten Wochen dort schlafen lassen. Im Gegenteil, er wird sich im neuen Heim viel rascher eingewöhnen und Vertrauen zu Ihnen gewinnen, wenn Sie ihn gerade in diesen ersten Tagen nicht allein in einen separaten Raum verbannen.

Schon beim Welpen treten während des Schlafes unterschiedliche Stadien auf: Dabei zeigt der Hund starke Augenbewegungen sowie Saug- und Kaubewegungen; er knurrt, bellt leise und bewegt Läufe und Zehen. Denken Sie nicht, Ihrem Retriever würde etwas fehlen! Wecken Sie ihn jetzt bitte nicht! Diese, höchstwahrscheinlich unseren Traumphasen vergleichbaren Schlafstadien sind sehr wichtig für seine geistige Entwicklung und für sein Wohlbefinden.

Erziehung des Retrievers

Dass Retriever mit einer äußerst raschen Auffassungsgabe, außerdem mit einer hohen Gehorsams- und Arbeitsintelligenz ausgestattet sind, haben Sie bereits erfahren. Wenn Sie sich nochmals erinnern, bestand die ursprüngliche jagdliche Arbeit der Retriever u. a. darin, eng mit ihren Menschen zusammenzuarbeiten, absoluten Gehorsam auf Befehle zu zeigen und zuverlässig, vor allem aber sehr selbstständig zu handeln, falls es erforderlich würde. Diese rassespezifischen Anlagen und Fähigkeiten sind es, die wir uns bei der Erziehung und Ausbildung von Retrievern zunutze machen können. Diese Veranlagungen sind es aber auch, die uns bei 'unsachgemäßer Handhabung' Probleme bereiten können.

Aufgrund ihrer schnellen Auffassungabe und ihrer bemerkenswert guten Lernfähigkeit sind Retriever rascher als viele andere Hunderassen in der Lage, etwaige Inkonsequenz oder Fehlverhalten zu erkennen und zu durchschauen. Bemerkt Ihr Retriever derartige Schwächen bei Ihnen, dann laufen Sie Gefahr, seine Bereitschaft, sich freiwillig einzugliedern und die geltenden Spielregeln bedingungslos einzuhalten, zu verspielen. Der Hund wird das Vertrauen in Ihre Sicherheit bietende Autorität als Rudelanführer verlieren (bzw. erst gar nicht aufbauen) und mit Dominanzgehabe reagieren. Denn nichts ist gefährlicher für sein Rudel als ein Rudeloberhaupt ohne Führungsqualitäten.

Wenn Sie Ihrem Retriever jedoch vom allerersten Tag an mit klar verständlichen und eindeutigen Verhaltensweisen die Spielregeln lehren, die in Ihrer Gemeinschaft gelten, und ihn stets mit liebevoller, geduldiger Konsequenz und viel Einfühlungsvermögen erziehen und ausbilden, dann wird er sich vertrauensvoll einordnen und alle Kommandos bereitwillig und zuverlässig ausführen.

Die Notwendigkeit früher positiver Erfahrungen

Wie schon mehrfach betont, ist die Umwelterfahrung, ganz besonders die der ersten sechzehn Lebenswochen, von elementarer Bedeutung für die weitere Entwicklung des Retrievers. Geben Sie Ihrem Welpen deshalb gerade in diesen ersten Lebenswochen die Gelegenheit, sein Umfeld ausgiebig kennen zu lernen.

Führen Sie ihn sehr behutsam an so viel Unbekanntes wie nur möglich heran, damit er zusammen mit Ihnen viele positive Erfahrungen sammeln kann: Lassen Sie ihn z. B. über steinigen, rutschigen oder knisternden Untergrund laufen. Konfrontieren Sie ihn mit den unterschiedlichsten Geräuschen. Locken Sie ihn an einem sich schnell öffnenden Regenschirm oder ähnlichen Dingen vorbei, denen er im täglichen Leben immer wieder begegnet. Zeigen Sie ihm alle Tiere, mit denen er in seinem Umfeld zu tun haben wird, wie Pferde, Kühe oder Katzen. Loben Sie ihn überschwänglich, wenn er sich dabei ruhig und sicher verhält.

Einfühlsames Vorgehen Ihrerseits ist dabei unbedingt erforderlich: Lassen Sie z. B. dem jungen und noch etwas ablehnend reagierenden Toller die Zeit, sich der jeweiligen Situation anzupassen oder bemühen Sie sich um eine ruhige Ausstrahlung, um Ihren lebhaften Flat Coated Retriever nicht noch mehr 'aufzuputschen' und dadurch (bleibende) hektische Verhaltensweisen des Hundes zu provozieren. Motivieren Sie Ihren Chesapeake Bay oder Curly Coated Retriever niemals zu aggressiven Verhaltensweisen! Achten Sie darauf, dass dies auch nicht versehentlich bzw. unbeabsichtigt geschieht, denn insbesondere der Chessy ist seinem 'Ru-

Fremde Menschen sind für den 16 Wochen alten Golden-Rüden Duke („Sunbeam Gentle Dancing Shadow") kein Problem. Ruhig und gelassen beobachtet er den aufdringlichen Fotografen. Züchterin: Beate Willeke-Pemöller, Besitzerin: Petra Beringer.

del' zutiefst verbunden und kann durchaus auch 'Schärfe' gegen vermeintliche Bedrohungen entwickeln.

Gehen Sie mit Ihrem jungen Retriever auch in die Stadt, in belebte Kaufhäuser oder ins Restaurant und nehmen Sie ihn in öffentliche Verkehrsmittel mit. Vielleicht können Sie sogar einmal ein Kinderfest mit ihm besuchen. Mehr noch als die anderen Retrieverrassen benötigen Toller, Chesapeake Bay und Curly Coated Retriever für ihre Sozialisation und für die Entwicklung eines angepassten Verhaltens gegenüber Fremden gerade in dieser Lebensphase ausreichend Kontakte zu verschiedenen Menschen. Denn die jungen Hunde müssen unbedingt erkennen lernen, dass z. B. weder von einem lärmend unherstürmenden Kleinkind noch von einer sich ungewöhnlich bewegenden Person Gefahren für sie oder ihren Familienverband ausgehen, die ein Eingreifen (und sei es nur in Form von anhaltendem Verbellen) nötig machen.

Aber gehen Sie bitte immer mit Bedacht an die Sache heran, und überfordern Sie Ihren Welpen jetzt nicht! Gähnt oder kratzt er sich häufig, dann sollten Sie eine Pause einlegen. Insbesondere bei den etwas sensibleren Retrieverrassen wie den Flatcoats und Tollern müssen Sie derartige Verhaltensmuster unbedingt rechtzeitig erkennen lernen, denn eine Überbeanspruchung in solchen Situationen schadet diesen Hunden offensichtlich stärker als den Vertretern der anderen Retrieverrassen.

Schauen Sie in diesen ersten Tagen auch kurz bei Ihrem Tierarzt vorbei und lassen Ihr neues Rudelmitglied begutachten. Der Tierarzt hat garantiert ein Leckerle für Ihren Retriever parat und das Eis ist damit für alle Zeit gebrochen.

Sicherheit im Umgang mit der Umwelt ist also das Wichtigste, was der Welpe erlernen muss. Alles, womit Ihr junger Hund jetzt freudig umzugehen lernt, wird ihn auch in seinem späteren Leben nicht in Aufregung versetzen und ihn nicht zu unangepassten Verhaltensweisen veranlassen.

Belohnungen richtig einsetzen

Setzen Sie in diesem Lebensalter häufig Belohnungen ein, wenn Ihr Retriever den Umweltreizen gegenüber sicher und gelassen

Spielerisch werden nicht nur angsteinflößende Situationen überwunden, sondern auch Grenzen gesetzt.

reagiert. Als Belohnung eignen sich nicht nur Leckerle, sondern vor allem auch Loben und Schmusen. Beobachten Sie Ihren Welpen dabei einmal ganz genau: Je häufiger Sie ein bestimmtes Verhalten durch Zuwendung belohnen, um so häufiger wird er gerade dieses Verhalten zeigen. Positive Handlungsverstärkung nennt man das in der Fachsprache. Es ist eine spezifische Form des Lernens und ein Grundprinzip des Phänomens Lernen überhaupt. Nutzen Sie es, wann immer es möglich ist! Aber kontrollieren Sie dabei stets, ob Sie nicht (ungewollt) das Falsche damit verstärken.

Ein Beispiel: Ihr Welpe ist etwas unsicher und zögert, an einem Schaf-Pferch vorbeizugehen. Sie tätscheln ihm tröstend den Kopf und reden in mitleidvollem Tonfall auf ihn ein. Was erreichen Sie? Der Welpe wird in ähnlichen Situation zunehmend mehr von Ihnen abhängig werden und Zuwendung einfordern. Richtig machen Sie es, wenn Sie sein Verhalten zunächst einmal gar nicht beachten, sondern entschlossen Ihres Weges gehen. Seine Neugier und die 'Tapferkeit seines Rudelanführers in dieser bedrohlichen Situation' wird ihn dazu veranlassen, Ihnen zu folgen.

Nur wenn sich der Welpe sehr verängstigt zeigt und auch nach Aufforderung nicht zum Weiterlaufen imstande ist, sollten Sie ihm Hilfe anbieten: Machen Sie sich dazu seine Begeisterungsfähigkeit und seinen unbändigen Spieltrieb zunutze. Verwickeln Sie Ihren Zögling in ein kleines Spielchen und locken ihn dabei zügig an dem angsteinflößenden Objekt vorbei. Die gemeinsam mit Ihnen beim Spielen erlebten positiven Empfindungen lenken ihn ab und helfen ihm, seine Unsicherheit zu überwinden und zu erkennen, dass von dem vermeintlich Bedrohlichen keine Gefahr für ihn ausgeht. Gerade beim Nova Scotia Duck Tolling Retriever ist ein solches Vorgehen sehr wichtig, denn nicht selten wird von jungen Tollern berichtet, die recht skeptisch auf Neues reagieren und sich insbesondere optischen Reizen gegenüber ablehnend verhalten.

Wesentlich besser für das Selbstwertgefühl und die Entwicklung der inneren Sicherheit Ihres Retrievers ist es freilich, wenn er es allein schaffen kann. Greifen Sie deshalb bitte nie zu früh ein, sondern lassen Sie Ihren Welpen eigene Anstrengungen zur Bewältigung seines Problems unternehmen.

Nach einer Woche im neuen Heim treffen sich die Wurfgeschwister beim Welpenspiel. Sie sind so begeistert, dass ihre Besitzer nicht einmal Zeit hatten, ihnen die Halsbänder abzunehmen!

Welpenspieltage

Nicht nur möglichst viele Menschen soll Ihr kleiner Retriever-Welpe kennen lernen, sondern vor allem auch Hunde aller Rassen und Altersgruppen. Insbesondere mit anderen Welpen muss er sich jetzt ausgiebig beschäftigen können, denn in diesem relativ eng begrenzten Zeitraum bis zur sechzehnten Lebenswoche werden auch diejenigen Verhaltensweisen festgelegt, die sich ein Welpe nur in der Gemeinschaft mit gleichaltrigen Hunden aneignen kann. So muss er z. B. in Kampfspielen bestimmte Bewegungsabläufe einüben und verschiedene Elemente des Ausdrucksverhaltens (Mimik, Gestik) erkennen und anzuwenden lernen. Außerdem muss er lernen, seine eigenen Kräfte abzuschätzen und unter Kontrolle zu bringen.

Die bereits mehrfach erwähnten Welpen- oder Prägungsspieltage bieten Ihrem jungen Retriever reichlich Gelegenheit, im Umgang mit Gleichaltrigen derartige Erfahrungen zu sammeln. Erkundigen Sie sich am besten schon, bevor Sie Ihren Welpen ins Haus holen, nach geeigneten Terminen und Veranstaltungsorten in Ihrer

Auch der Rüde kümmert sich liebevoll um die Welpen: „Highland Pleasure Aston".
Züchterin und Besitzerin: Michaela Wiestler.

Nähe. Adressen von Spieltrainern finden Sie u. a. in den Clubzeitschriften der Retrieververeine und in Hunde-Fachmagazinen.

Der regelmäßige Besuch von Welpenspieltagen ist auch deswegen so wichtig, weil Sie als Hundehalter, insbesondere dann, wenn Sie noch nie einen Welpen aufgezogen haben, den korrekten Umgang mit Ihrem kleinen Freund unter Anleitung einüben können. So erfahren Sie beispielsweise, wie Sie spielerisch mit Ihm die Leinenführigkeit trainieren, wie Sie ihm ohne Zwang und Gewalt das Sitz- und Platzkommando beibringen, wie die Retrieverpfeife sinnvoll eingesetzt wird und wie Sie den Grundstein für erfolgreiche Apportierarbeit mit Ihrem Retriever legen können. Nicht zu vergessen ist der unschätzbare Wert des Erfahrungsaustausches der Hundebesitzer untereinander.

Rangordnung

Situationsangepasstes Verhalten kann der Retriever nur dann zeigen, wenn er gelernt hat, sicher und gelassen mit seiner Umwelt umzugehen. Zu seiner Umwelt gehört vor allem und in erster Linie sein engster Familienverband. Also heißt es auch hier, dem

Welpen genügend Sicherheit zu vermitteln. Sie erreichen dies durch eindeutige und konsequente Spielregeln und durch absolut klare Rangordnungsverhältnisse. Bei allem, was Sie gemeinsam mit Ihrem Hund unternehmen, müssen Sie ihm deshalb seinen Platz im sozialen Gefüge klarmachen und ihm die Chance geben, seine Grenzen – die er niemals überschreiten darf – kennen zu lernen. Von allen Zweibeinern, die mit dem kleinen Hund umgehen, wird dabei äußerste Konsequenz verlangt. Denn der Welpe darf auf keinen Fall verunsichert werden, zum Beispiel dadurch, dass ihm Frauchen verbietet, auf das Sofa zu springen, Herrchen und die Kinder es aber erlauben.

Spielerisch lässt sich unendlich Vieles üben, was dem jungen Hund gleichzeitig auch die Rangordnungsverhältnisse in seinem neuen Rudel vor Augen führt. So können Sie ihm täglich sanft das Fell bürsten, seine Ohren und Zähne kontrollieren und ihn dabei auf den Rücken legen. Nehmen Sie ihm ab und zu seinen Kauknochen oder sein Lieblingsspielzeug behutsam aus dem Fang oder stellen Sie seinen noch gefüllten Futternapf für kurze Zeit beiseite. Achten Sie darauf, dass ihr Retriever solche Maßnahmen jederzeit duldet. Denn es kann durchaus vorkommen, dass bereits der Welpe beharrlich versucht, denjenigen zu dominieren, der dies zulässt. Obwohl Curly Coated, Chessy und Toller aber auch Flat Coated Retriever stärker dazu neigen als Labrador und Golden, erleichtert Konsequenz in der Erziehung in jedem Fall den Umgang mit dem Hund.

Lassen Sie also keine Gelegenheit aus, Ihren Welpen sanft, aber bestimmt an die geltenden Rangordnungsverhältnisse zu erinnern. Beaufsichtigen Sie dazu unbedingt auch die Spiele des Welpen mit Ihren Kindern. Sogar während des Tobens mit Artgenossen sollten Sie Ihren Retriever nicht ständig sich selbst überlassen, sondern ihm ab und zu die Spielregeln in Erinnerung rufen.

Machen Sie dazu Ihren Hund zunächst auf sich aufmerksam. Anschließend locken Sie ihn zu sich, loben ihn gebührend und schicken ihn wieder los zum Spielen. Wenn es wohldosiert eingesetzt wird, hat dieses kurzzeitige 'Abrufen' folgenden Effekt: Der Kleine lernt, dass er selbst beim schönsten Herumtollen seinen Rudelmitgliedern gegenüber stets aufmerksam bleiben muss und dass deren Kommandos auch dann absoluten Vorrang haben.

Unterwürfig, aber entspannt!

Aber Achtung! Rufen Sie Ihren Hund immer erst dann zu sich, wenn er tatsächlich aufmerksam ist und zu Ihnen herschaut. Dass dem Retriever für derartige Übungen das Kommando „Komm“ bereits vertraut sein muss, versteht sich von selbst.

Beißhemmung

Die Beißhemmung ist nicht, wie man früher angenommen hat, angeboren, sondern muss auch in diesen ersten Lebenswochen erlernt werden. Aus diesem Grund müssen Sie Ihrem Welpen nachdrücklich klarmachen, dass er mit Menschen noch sanfter umzugehen hat als mit seinen Artgenossen: Fiepen Sie deshalb jedesmal jämmerlich, wenn er zu grob wird. Schon bald wird er begriffen haben, wie weit er gehen kann, damit das Spiel nicht ständig unterbrochen wird.

Lassen Sie sich aber nicht von jedem Pföteln oder Nasenstupsen Ihres Hundes zu einem Spielchen auffordern, sondern legen Sie den Beginn und das Ende eines gemeinsamen Spieles fest. So erinnern Sie Ihren Kleinen erneut an die Rangordnung. Wenn Sie also kein Spiel mit Ihrem Retriever wünschen, brechen Sie einfach den Blickkontakt zu ihm ab. Er wird sofort verstehen, dass Sie sich jetzt nicht mit ihm beschäftigen wollen. Schauen Sie Ihren Welpen jedoch stattdessen weiterhin an, während Sie ihm eindringlich mündlich klarzumachen versuchen, dass sie gerade nicht mit ihm spielen wollen, wird er nur noch beharrlicher fordern. Warum wird klar, wenn Sie sich noch einmal vor Augen führen: Zuwendung wirkt verstärkend auf die einzelnen Verhaltensmuster des Hundes, in diesem Fall auf seine Spielaufforderung.

Tagesrhythmus

Gewöhnen Sie Ihren Welpen an einen festen Tagesrhythmus, indem Sie die Fütterungs-, Spiel und Ruhezeiten genau einhalten. Die sich täglich wiederholende Abfolge von Handlungen wird ihm helfen, sich in der fremden Umgebung rasch sicher zu fühlen und Vertrauen zu gewinnen.

Ein fester Tagesrhythmus erleichtert übrigens auch das Erlernen der **Stubenreinheit**. Wie Sie am besten vorgehen, wissen Sie ja bereits. Wenn Sie jetzt noch daran denken, Ihren jungen Retriever alle 30 Minuten sowie nach jeder Mahlzeit und jedem Erwachen zum Lösen ins Freie zu bringen, ist er bestimmt mit zehn bis zwölf Wochen stubenrein und zeigt Ihnen an, wenn es an der Zeit ist, ihn in den Garten zu lassen. Begleiten Sie Ihren Welpen weiterhin nach draußen und loben Sie ihn ausgiebig, wenn er dort alles brav erledigt hat. Glauben Sie ihm bitte immer! Auch dann, wenn er bereits zehn Minuten nach dem letzten Lösen wieder breitbeinig und mit der Nase am Boden suchend im Zimmer umherläuft.

Sollte doch einmal ein Missgeschick passiert sein, strafen Sie Ihren Hund bitte nicht, sondern überlegen Sie lieber, welche Signale Ihres Welpen Sie übersehen haben!

Das Spielbedürfnis des Welpen sollten Sie natürlich so häufig wie möglich befriedigen. In den in der Tabelle aufgeführten Phasen 8 und 9 ist es allerdings ratsam, den jungen Hund nach dem Versäubern rasch wieder an seinen Schlafplatz zurückzubringen. Denn hat sich Ihr Welpe erst einmal an nächtliche Spielzeiten gewöhnt, wird er Sie mit Sicherheit auch nach seinem vierten Lebensmonat nachts aufwecken und zu einem Spielchen auffordern, obwohl es ihm aufgrund des gestiegenen Fassungsvermögen seiner Harnblase bereits möglich wäre, acht Stunden durchzuschlafen.

Phase	Zeit		Zeit		Zeit	
1	6.30	Lösen, Spielen, Lösen	6.45	Fressen, Lösen	7.00	Schlafen
2	8.30	Lösen, Spielen, Lösen	9.00	Schlafen	–	–
3	10.30	Lösen, Spielen, Lösen	11.00	Fressen, Lösen	11.30	Schlafen
4	13.30	Lösen, Spielen, Lösen	14.00	Schlafen	–	–
5	15.00	Lösen, Spielen, Lösen	15.30	Fressen, Lösen	16.00	Schlafen
6	18.00	Lösen, Spielen, Lösen	18.40	Spielen, Lösen, kleine Übungen, Lösen	19.30	Fressen, Lösen, Schlafen
7	22.00	Lösen, Spielen, Lösen	22.30	Schlafen	–	–
8	1.30	Lösen, Schlafen	–	–	–	–
9	4.00	Lösen, Schlafen	–	–	–	–

Tabelle 3: Beispiel für den Tagesablauf eines 8-wöchigen Retriever-Welpen

Gerade nach dem Fressen sind Retriever-Welpen begierig auf wilde Balgespiele. Um der gefürchteten Magendrehung vorzubeugen, sollten Sie den Spieltrieb Ihres jungen Hundes nach den Mahlzeiten aber sicherheitshalber etwas bremsen!

Allein bleiben

Ab und zu sollten Sie den Welpen für einige Minuten allein in einem vertrauten Raum lassen. Beginnen Sie mit dem Üben dann, wenn er vom Fressen oder Spazierengehen müde und schläfrig geworden ist. Geben Sie ihm genügend Spiel- und Nageutensilien, damit er sich ausreichend beschäftigen kann, wenn Sie weg sind. Loben Sie ihn beim Zurückkehren sehr, wenn er sich brav verhalten hat. Hat er aber etwas angestellt, ignorieren Sie es (auch wenn es Ihnen nicht leicht fällt!) und verlassen Sie den Raum gleich wieder. Wiederholen Sie dieses Vorgehen solange, bis Sie mit seinem Verhalten zufrieden waren. Jetzt ist ein großes Lob angesagt. Vielleicht spielen Sie auch eine Weile mit Ihrem Kleinen. So kann er verstehen lernen, dass Sie nur dann bei ihm bleiben und sich ihm zuwenden, wenn er sich während Ihrer Abwesenheit ruhig verhalten hat. Gewöhnen Sie ihn allmählich an längere Zeiten des Alleinseins.

Sind Sie stolzer Besitzer eines kleinen Flat-Welpen, dann achten Sie aber bitte unbedingt darauf, dass Ihr Kleiner mit dem Alleingelassenwerden nicht überfordert wird. Mehrmalige, dafür kurze Abwesenheit seines geliebten Menschen verkraftet ein Flat Coated Retriever zunächst besser und es erleichtert ihm, sich langsam an derartige Situationen anzupassen. Nur dann wird er später auch über mehrere Stunden hinweg gelassen und unbeeindruckt allein bleiben.

Die Grundkommandos

Für den Hund ist es am besten verständlich, wenn Sie für Ihre Anweisungen immer und immer wieder dieselben Worte verwenden, in derselben Tonlage, mit derselben Mimik und verbunden mit denselben Handzeichen. Worte mit ein bis zwei Silben und sehr kurze Sätze sind für ihn am einprägsamsten. Das Kommando „Nein“ können Sie z. B. durch „No“ ersetzen, „Sitz“ durch „Sit“, „Setzen“ o. Ä., „Platz“ durch „Down“, „Nieder“ etc. Wichtig ist nur, dass Sie den einmal gewählten Ausdruck stets beibehalten und Ihren Hund nicht durch ständiges Wechseln der Begriffe verunsichern. Überlegen Sie sich deshalb bereits vor der Ankunft Ihres Retrievers, welche Kommandos er erlernen soll und welche Begriffe Sie in welchem Zusammenhang einsetzen wollen.

Neugierig erkundet die acht Wochen alte Labrador-Hündin die fremde Umgebung.

Retriever sind ausgesprochen lernbegierig. Nutzen Sie diese hervorragende Anlage und zwar vom allerersten Tag an! Erinnern Sie sich noch an das Prinzip der positiven Handlungsverstärkung? Jetzt können Sie es sich wieder zunutze machen.

„Sitz“

Wollen Sie Ihrem Retriever das Hörzeichen „Sitz“ beibringen, gehen Sie am besten folgendermaßen vor: Sie stellen sich mit dem gefüllten Futternapf, einem Leckerle oder seinem Lieblingsspielzeug (in Ihrer linken Hand) dicht vor Ihren Hund. Er wird vielleicht an Ihnen hochzuspringen versuchen. Ignorieren Sie es. Irgendwann wird er sich von allein setzen und dann müssen Sie blitzschnell reagieren. Sagen Sie „Sitz“ und geben Sie gleichzeitig das Sichtzeichen für dieses Kommando (erhobener rechter Zeige-

Kursleiterin Heike Wagner und Golden-Rüde Barcley führen perfekt vor, was die anderen Gespanne noch lernen sollen.

Vom Hund gewünschte Handlung	Hörzeichen		Sichtzeichen
	Stimme	Pfeife	
Aufmerksam sein	Name des Hundes (stets freundlich	–	–
Herankommen, im Sinne von Aufrücken	KOMM (freundlich, lockend)	–	–
Herankommen und vor dem Führer absitzen	HIER (bestimmt, gedehnt)	TÜ-TÜ	Rechter Arm wird angehoben und zum rechten Oberschenkel oder an den Oberkörper geführt
Links vom Führer laufen	FUSS (aufmunternd)	–	Linke Hand klopft (einmal) an linken Oberschenkel
Absitzen	SITZ (bestimmt, kurz)	TÜÜÜÜ	Rechter Zeigefinger ist erhoben (auf große Entfernung wird zusätzlich der rechte Arm angehoben)
Abliegen	PLATZ (bestimmt, kurz)	TRILLER (nur im Notfall!)	Rechter Arm wird abgesenkt und Handfläche horizontal zum Boden gehalten (beim Welpen gleitet die so gehaltene Hand vor der Schnauze des Hundes dicht am Boden entlang)
Aufsitzen aus der Platzstellung	SITZ (s. o.)	ohne Pfiff!	Rechte Hand mit gestrecktem Zeigefinger macht Aufwärtsbewegung
Gegenstand holen und zum Führer bringen	VORAN (anspornend)	–	Linker bzw. rechter Arm wird in die Richtung bewegt, aus der der Gegenstand geholt werden soll

Vom Hund gewünschte Handlung	Hörzeichen		Sichtzeichen
	Stimme	Pfeife	
Ausgeben eines Gegenstandes aus dem Fang	GIB' AUS (freundlich)	–	–
Unterlassen einer Handlung	NEIN (kurz, tief)	–	–
Freie Bewegung	LAUF, LAUF (freundlich, auffor-dernd)	–	–
Zum Ruhen hinlegen	GEH' SCHALFEN	–	–

Tabelle 4: Hör- und Sichtzeichen, die der junge Retriever erlernen sollte

finger). Gleich darauf loben Sie Ihren kleinen Hund für sein Verhalten. Stellen Sie ihm dann den Futternapf hinunter und fordern ihn zum Fressen auf oder überlassen Sie ihm das Spielzeug und schicken ihn zum Spielen.

Da man Retriever bei der Arbeit im Jagdrevier auch über weite Distanzen beeinflussen muss, sind Stimme und Sichtzeichen als Kommando oft nicht ausreichend. Deshalb wird zusätzlich die Hundepfeife verwendet. Auch wenn Sie mit Ihrem Retriever nicht jagdlich arbeiten wollen, ist deren Einsatz im täglichen Leben oft von Vorteil. Gewöhnen Sie Ihren jungen Hund deswegen auch an den Pfiff als Sitzkommando (langgezogener Ton auf der schmalen Seite der Hundepfeife: Tüüüü). Gehen Sie dabei genauso vor, wie oben für die Stimme beschrieben. Parallel dazu sollten Sie wieder das Sichtzeichen einsetzen.

Wenn Sie ein Kommando sowohl mit Hörzeichen (Stimme oder Pfiff) als auch gleichzeitig mit dem dazugehörigen Sichtzeichen erteilen, also mehrere Sinnesempfindungen des Welpen parallel aktivieren, wird sich der Lernerfolg umso rascher einstellen. Bitte das Loben nicht vergessen!

Die Erziehung zum Vorsitzen hat übrigens einen positiven Nebeneffekt: Die Geste des Mundwinkelleckens und das damit verbundene Hochspringen am Menschen (ich erinnere an die überschwanglichen Begrüßungszeremonien von Labi, Golden und Flat!) können damit schnell unterbunden werden. Dieses Mundwinkellecken leitet sich übrigens vom Futterbetteln ab und dient zur Beschwichtigung eines Ranghöheren.

Wenn Sie also das Anspringen ignorieren (den Hund weder anschauen, noch mit ihm reden), den Welpen aber sofort belohnen, sobald er sich nach einigen vergeblichen Versuchen von selbst hinsetzt, haben Sie dieses Problem rasch aus der Welt geschafft. Wie immer gilt aber auch hier: Äußerste Konsequenz und einheitliches Vorgehen aller Zweibeiner sind dazu nötig. Doch der Einsatz lohnt sich. Denken Sie nur an die vielen Begegnungen mit Kindern und Erwachsenen, die Sie und Ihr Retriever während Ihres gemeinsamen Lebens noch haben werden.

„Hier"

Ein weiteres wichtiges Kommando, das Heranrufen des Hundes mit anschließendem Vorsitzen, kann ebenfalls mit Sichtzeichen (rechten Arm anheben und zum rechten Oberschenkel führen), Stimme (gedehntes „Hier") sowie Pfeife (Tü-Tü) gegeben werden. Beginnen Sie mit dem Üben bereits in den ersten Tagen.

Eine Hilfsperson sollte den Welpen festhalten, so dass er Ihnen nicht nachfolgen kann, wenn Sie jetzt vor seinen Augen mit dem Futternapf in ein anderes Zimmer oder in den Garten gehen. Er wird Ihnen interessiert hinterherblicken. Rufen Sie Ihren Kleinen freundlich und auffordernd mit „Hiiier" oder pfeifen Sie zweimal kurz auf der Retrieverpfeife. Kann Sie der Welpe dabei auch sehen, können Sie parallel zum Hör- das Sichtzeichen geben.

Wenn Ihr Retriever begeistert auf Sie zugelaufen kommt, loben Sie Ihn beim Herankommen, ohne jedoch das Kommando zu wiederholen. Halten Sie den Futternapf vor Ihrem Körper hoch. Ihr Welpe kennt das ja schon und wird sich vor Ihnen hinsetzen. Loben Sie Ihn gebührend und reichen Sie Ihm den Napf hinunter.

„Komm"

Dieses Hörzeichen unterscheidet sich vom Kommando „Hier" dadurch, dass der Hund nur zu Ihnen herankommen, sich aber nicht vor Ihnen setzen muss. Sie können es im Garten oder auf Ihren kurzen Spaziergängen leicht einüben. Weil der Welpe in diesem frühen Lebensalter immer darauf bedacht ist, Sie ja nicht zu verlieren, sollten Sie diese Gelegenheiten nicht ungenutzt verstreichen lassen und ihn immer dann, wenn er gerade auf Sie zugelaufen kommt, mit dem Hörzeichen „Komm" anlocken und sofort loben.

Sollte sich Ihr Welpe bei einem Spaziergang doch einmal zu weit von Ihnen entfernt haben und auf Herbeirufen nicht reagieren, dann laufen Sie ihm niemals hinterher. Er würde das möglicherweise als Spielaufforderung auffassen und sich noch weiter entfernen. Machen Sie stattdessen kehrt und gehen Sie in die entgegengesetzte Richtung davon oder machen Sie sich klein, indem Sie in die Hocke gehen. Für den Welpen entsteht so der Eindruck einer vergrößerten Distanz. Aufgrund seines angeborenen Nachfolgetriebes wird er Ihnen jetzt sofort nacheilen. Kommt er auf Sie zugelaufen, locken Sie Ihn wieder anspornend mit „Komm" und loben ihn.

Niemals, auch wenn Sie sich noch so sehr über sein Verhalten geärgert haben, dürfen Sie Ihrem Hund mit Strafe drohen, wenn er auf Sie zugelaufen kommt oder ihn bestrafen, nachdem er zu Ihnen zurückgekommen ist!

Er würde Ihre Drohgebärden bzw. Strafen nicht mit der vorangegangenen 'Untat' in Verbindung bringen, sondern er könnte vielmehr glauben, dass Sie ihm drohen oder ihn bestrafen, weil er mit Ihnen freundlichen Kontakt aufnehmen wollte. Dann besteht sogar die Gefahr, dass er nur noch zögernd oder überhaupt nicht mehr auf Herbeirufen zu Ihnen kommt, weil er fürchtet, bestraft zu werden. Und das wäre fatal, wenn man bedenkt, welche Einschränkungen das für sein weiteres Leben zur Folge haben würde: Kein Gassigang ohne Leine, kein ungestümes Umhertollen mehr, weil Sie keinerlei Möglichkeiten hätten, ihn beispielsweise vor Wild, Joggern oder anderen Hunden zurückzurufen.

Leinenführigkeit und „Fuß“

Sie wissen ja bereits, wie wichtig frühe positive Erfahrungen für den Welpen sind, so zum Beispiel der Stadtgang. Wenn Sie Ihren Kleinen dabei aber nicht an der Leine unter Kontrolle halten, können solche Unternehmungen sehr gefährlich für ihn enden. Das macht deutlich, dass auf dem Lehrplan Ihres Hundes so früh wie möglich auch die Leinenführigkeit stehen muss.

Gewöhnen Sie Ihren Welpen deshalb bereits in den ersten Tagen an sein Halsband. Nach ein paar Tagen können Sie zusätzlich die Leine anklicken und sie von ihm durchs Zimmer schleifen lassen. Läuft Ihr Kleiner so ausgerüstet zufällig links neben Ihnen her, nutzen Sie die Gelegenheit und sagen sehr freundlich „Fuß“. Loben Sie Ihren Welpen dann ausgiebig, denn er befolgt Ihr Kommando. Weil er Ihre Freude spürt, wird er begeistert neben Ihnen weiterlaufen.

Nach einigen Tagen solcher Vorübungen, gehen Sie gezielt auf die rechte Seite des Welpen, heben die Leine vom Boden auf und nehmen sie in Ihre rechte Hand. Jetzt sind Sie perfekt in der Ausgangsstellung für die Leinenführigkeits-Übung. Wenn Sie nun das Kommando „Fuß“ erteilen, wird Ihr Welpe genau wissen, was auf ihn zukommt. Ihre gezielten, aber ruhigen Bewegungen werden ihm Bestimmtheit und Gelassenheit signalisieren und er wird sich vertrauensvoll anschließen und an Ihrer Seite mitlaufen.

Üben Sie von nun an täglich, erst im Haus, dann im Garten, aber zunächst nicht länger als jeweils eine Minute. Achten Sie darauf, dass die Leine immer locker durchhängt. Zerren Sie Ihren Welpen niemals vorwärts, sondern locken Sie ihn mit einem Belohnungshappen oder Fingerschnalzen, wenn er keine Lust mehr zum Weiterlaufen hat. Will er vorpreschen, ziehen Sie ihn nicht an der Leine zu sich heran, sondern korrigieren Sie sein Verhalten, indem Sie ihn immer wieder durch Locken oder durch einen abrupten Richtungswechsel auf sich aufmerksam machen. Vergessen Sie nicht, nach jeder Übung ausgiebig mit dem Welpen zu spielen! Denn nichts ist schöner für Ihren Retriever, als auf diese Weise von Ihnen gelobt zu werden.

Wenn Sie dann mit Ihrem Kleinen in die Stadt gehen und ihn dabei an der Leine führen, denken Sie bitte daran, dass sich der Welpe zunächst nur kurze Zeit auf das 'An-der-Leine-Gehen' konzentrieren kann. Überfordern Sie ihn nicht! Tragen Sie ihn lieber ab und zu ein Stückchen!

Denken Sie bitte auch an die Hinterlassenschaften Ihres Lieblings! Eine kleine Kunststofftüte findet in jeder Hosentasche Platz und ist wesentlich unkomplizierter zu handhaben als kostspielige sogenannte Hundekotbeutel. Wenn Sie diese Tüte bei Bedarf wie einen Handschuh über Ihre Hand ziehen, können Sie den Kot unbeschadet greifen und ihn durch Umstülpen der Tüte in diese aufnehmen. Ein Mülleimer ist sicherlich nicht weit.

„Platz"

Bis Sie Ihren Retriever in der Stadt vor einem Lebensmittelgeschäft mit „Platz" ablegen können, wird sicherlich noch einige Zeit vergehen. Mit dem Üben sollten Sie aber bereits im Welpenalter beginnen. Wie immer können Sie Ihren Hund mit der positiven Bekräftigung seiner Handlung an das Kommando und die gewünschte Handlungsfolge gewöhnen.

Legt sich der Welpe also von selbst hin, erteilen Sie das Kommando „Platz" und geben das dazugehörige Handzeichen (Handfläche horizontal zum Boden halten). Anschließend loben Sie ihn, aber bitte nur seinem Temperament entsprechend. Denn fällt das Lob zu heftig aus, steht Ihr Retriever mit Sicherheit gleich wieder auf.

Sie können das Abliegen auch ganz behutsam herbeiführen, indem Sie dem Welpen ein Leckerle vor die Nase halten und dieses, in der flachen Hand versteckt, dicht am Boden entlangführen. Der Hund wird sich automatisch hinlegen, um es zu erreichen. Jetzt folgt das Kommando „Platz" mit anschließendem Lob.

Was Sie auf keinen Fall vergessen sollten ist, Ihren Retriever aus einem Kommando auch wieder zu entlassen und ihn mit einem freundlichen „Lauf, Lauf" o. Ä. zum Spielen zu schicken beziehungsweise das nächste Kommando zu erteilen. Denn nur so können Sie sicherstellen, dass er Ihren Anordnungen auch solange Folge leistet, bis Sie ihn zu etwas anderem auffordern.

Wie übt man am wirkungsvollsten?

Regelmäßiges Üben, am besten mehrmals am Tag und in unterschiedlichem Gelände, steigert die Aufmerksamkeit des Welpen und fördert seine Gedächtnis- und somit Lernleistungen. Um den jungen Hund nicht zu überfordern, sollte die Dauer der einzelnen Übungsphasen zwei Minuten zunächst nicht übersteigen.

Erst wenn der Welpe Sicht- bzw. Hörzeichen und Handlungsablauf miteinander verknüpft hat (durch positive Verstärkung!), dürfen Sie damit beginnen, die Ausführung der Handlungsfolge auf Kommando zu verlangen. Machen Sie sich dabei zur Regel, Kommandos nur ein einziges Mal zu erteilen. Bestehen Sie ohne jede Ausnahme darauf, dass der Hund Ihre Anordnung befolgt und die gewünschte Handlung korrekt ausführt. Halten Sie ihn deshalb beim Üben zunächst an der Leine unter Kontrolle. Denn hat Ihr Retriever erst einmal erkannt, dass man sich Befehlen durch Missachtung oder gar Davonlaufen entziehen kann, wird ihn das in der Erfahrung bestärken, dass er eigentlich sehr gut selbst entscheiden kann, was als Nächstes ansteht. Und er wird dann auch später Ihre Anweisungen weniger bereitwillig befolgen, wenn ihm gerade nach Spielen zumute ist.

Aber bitte haben Sie Geduld mit Ihrem jungen Hund und lassen Sie ihm genügend Zeit, die Handlungsfolge auszuführen! Erst mit einiger Übung wird er beispielsweise auf das Kommando „Platz“ sofort niederliegen beziehungsweise aus der Platzstellung auf das Kommando „Sitz“ unverzüglich aufsitzen.

Um seine Reaktion zu beschleunigen, machen Sie jetzt bitte nicht den Fehler und bringen Ihren Retriever in die Platzhaltung, indem Sie ihm die Vorderbeine unter dem Körper nach vorne ziehen bzw. in die Sitzstellung, indem Sie ihn am Halsband hochreißen. Der Lernprozess wird durch solche Maßnahmen keineswegs gefördert.

Berücksichtigen Sie bei allen Ihren Erziehungsübungen unbedingt das Temperament und die Empfindsamkeit Ihres Hundes. Auch wenn bestimmte Wesens- oder Verhaltensmerkmale bei den verschiedenen Retrieverrassen jeweils unterschiedlich stark ausgeprägt sind, gibt es dennoch beim einzelnen Tier unabhängig von Rassezugehörigkeit oder Geschlecht starke individuelle Unterschiede so z. B. in seiner Reaktion auf Reglementierungen.

Gerade ihr typisches Wesen macht die Retriever so liebenswert. Hier die äußerst freundliche und begeisterungsfähige Chesapeake Bay-Hündin „Beverly Brown Beaver" beim Chessie-Treff. Züchterin: Karin Edle von Löw, Besitzerin: Frau Mügge.

Obwohl laute Worte einen Flat Coated Retriever in der Regel wesentlich nachhaltiger beeindrucken als die anderen Retrieverrassen und zu Unterwerfungsgesten veranlassen, gibt es durchaus auch Labrador Retriever, die 'zusammenfallen', sobald der Ausbilder die Stimme erhebt.

Bedenken Sie auch, dass sich **alle** Retriever rasch zu langweilen beginnen, wenn Übungen nicht abwechslungsreich gestaltet und zu häufig hintereinander wiederholt werden. Üben hat nur dann Erfolg, wenn der Hund aufmerksam und gleichzeitig motiviert ist. Gehen Sie deshalb am besten folgendermaßen vor:

Machen Sie Ihren Welpen durch Rufen seines Namens aufmerksam und motivieren Sie ihn z. B. durch Blickkontakt, mit Ihnen zu arbeiten. Dann erst erteilen Sie das Kommando durch Sicht- und/ oder Hörzeichen. Als Vorübung können Sie durchaus auch über die positive Handlungsbekräftigung das 'Anschauen' fördern: Belohnen Sie Ihren Welpen immer dann, wenn er sie zufällig oder nach Rufen seines Namens anschaut.

Und noch etwas ist bedeutend für den Lernerfolg: Ihre persönliche und momentane Einstellung zum gemeinsamen Training. Beginnen Sie deshalb niemals mit dem Üben, wenn Sie eigentlich keine Lust dazu verspüren oder wenn Sie nervös und ärgerlich sind! Ihr Retriever hat ein exzellentes Gespür für Ihre Gefühle und die Übungen werden dann mit Sicherheit misslingen. Trainieren Sie nur, wenn Sie gut gelaunt und ausgeglichen sind und sich in der Lage fühlen, Kommandos auch ruhig und gelassen durchzusetzen! Labrador und Golden Retriever scheinen ihren Besitzern etwaige Entgleisungen zwar eher 'nachzusehen' als die Vertreter der anderen Retrieverrassen, dennoch sollten Sie auch bei deren Ausbildung auf Gelassenheit und Konsequenz bedacht sein.

Um den Spaß am gemeinsamen Arbeiten zu erhalten und zu fördern, muss Lernen mit Erfolgserlebnissen verbunden sein: Beenden Sie das Üben mit dem Hund deshalb immer mit einer Übungseinheit, die er beherrscht, und loben Sie ihn gebührend dafür! Denken Sie auch daran, nach jedem Training ausgelassen mit Ihrem Retriever zu spielen. Dann können Sie sicher sein, dass er das Arbeiten mit Ihnen in guter Erinnerung behalten wird.

Sobald Ihr Retriever ein bestimmtes Kommando sicher beherrscht, sollte er dieses gleichermaßen korrekt bei allen Mitgliedern Ihrer Familie befolgen. Bei gemeinsamen Aktivitäten, an denen mehrere 'Rudelmitglieder' teilnehmen, sollten Sie sich dennoch zur Regel machen, dass nur die engste Bezugsperson dem Hund die Kommandos erteilt. Denn insbesondere für den Welpen ist es sehr verwirrend, wenn gleichzeitig von verschiedenen Personen Kommandos gegeben werden, die sich gar noch widersprechen.

Was tun, wenn der Hund die Spielregeln nicht befolgt?

Wie bereits mehrfach betont, erfordert das Zusammenleben von Mensch und Hund das Aufstellen und Einhalten von Spielregeln. Wie Sie wissen, müssen Sie zum frühestmöglichen Zeitpunkt der Welpenentwicklung damit beginnen, Ihrem Retriever diese Regeln klarzumachen. Die Art und Weise, wie Sie das bewerkstelligen, hängt in hohem Maße davon ab, welche Einstellung Sie Ihrem Hund gegenüber entwickeln.

Hundeerziehung erfordert Selbstdisziplin und Rücksichtnahme

Wenn Sie Ihren vierbeinigen Freund als Partner achten, werden Sie es niemals nötig haben, körperliche Einwirkungen, die ihm Schmerzen bereiten könnten, zur Erziehung einzusetzen, sondern Sie werden sich stets bemühen, ihn angstfrei und auf der Basis von Vertrauen zu erziehen und auszubilden. Und Sie werden dazu Methoden einsetzen, die der Lernfähigkeit eines Hundes angepasst sind, so z. B. das Prinzip der positiven Handlungsverstärkung. Darüber hinaus werden Sie sich bemühen, die arteigenen Verhaltensweisen Ihres Retrievers, seine Körpergesten und seine Mimik kennen zu lernen und richtig zu interpretieren. Und Sie werden immer bemüht sein, sich so eindeutig und konsequent wie möglich zu verhalten und Ihre Ausdrucksmöglichkeiten seinem Auffassungsvermögen anzupassen.

Und dennoch: Während seiner Jugendentwicklung wird es immer wieder Phasen geben, in denen Ihr Retriever Ihre pädagogischen Fähigkeiten hart auf die Probe stellt (siehe auch „Pubertät"). Dann gilt es, Selbstdisziplin zu üben und angemessen zu reagieren. Zeigt sich Ihr Retriever äußerst widerspenstig, können Sie ihm z. B. mit der Hand von oben über den Fang greifen und bei schweren Vergehen dabei seine Schnauze für einen Augenblick zuhalten. Oder Sie packen ihn fest am Nackenfell, so dass seine Vorderläufe leicht vom Boden abheben (nicht schütteln!). Solange es seine Körpergröße zulässt, können Sie ihn dabei auch auf die Seite umdrücken und für einen Moment in dieser Haltung verharren. Lachen Sie nicht: Auch Knurren wäre eine Möglichkeit der Züchtigung, denn mit allen diesen Gesten und Verhaltensweisen imitieren Sie die Drohgebärden eines dominanten Hundes. Die Folge: Ihr Retriever wird Ihre Mitteilung sofort verstehen.

Völlig unverständlich dagegen wird ihm sein, wenn Sie ihn mit Schlägen (z. B. mit der zusammengerollten Zeitung) traktieren, seine Nase in sein feuchtes Missgeschick stoßen oder ihn wegen eines zernagten Schuhes lange Zeit nach der Tat für Stunden in den Keller sperren.

Obwohl die Anwendung disziplinierender Verhaltensweisen aus der innerartlichen Kommunikation der Hunde auch für uns Menschen eine gute Möglichkeit zur Verständigung mit dem Vierbeiner darstellt, sollten wir sie erst in letzter Instanz einsetzen. Auch Hunde wenden zunächst ganz andere Mittel an, um ihren Nachwuchs zu erziehen oder um friedlich mit Artgenossen umgehen zu können.

So stellt der kurzzeitige Entzug von Zuwendung, zum Beispiel durch Ignorieren seines Verhaltens oder durch demonstratives Abwenden vom Gegenüber, ein sehr wirksames Mittel in der Erziehung im Welpenalter dar. Auch wir haben es bereits mit unserem Retriever praktiziert: Denken Sie nur an das schon beschriebene Abgewöhnen des Anspringens oder das Erlernen der Beißhemmung.

In zahlreichen verhaltensbiologischen Untersuchungen konnte übrigens nachgewiesen werden, dass ein z. B. durch Abwendung bestraftes Verhalten seltener ausgeübt wird, weil es vom Hund offensichtlich als sehr unangenehm empfunden wird. Auf der anderen Seite wurde festgestellt, dass Verhaltensweisen, die dem Hund positive Zuwendung einbringen (z. B. Loben, Leckerle, aber auch tröstendes Streicheln) häufiger gezeigt werden. Das nennt man das Prinzip der positiven Handlungverstärkung. Auch das haben wir beim Erlernen der Grundkommandos und bei der Behandlung des ängstlichen Hundes schon kennen gelernt.

Das interessanteste Ergebnis dieser Studien war jedoch, dass auch Zuwendung negativer Art z. B. durch Beschimpfen oder Anschreien des Hundes zur Verstärkung des so 'bestraften' Verhaltens führt.

Ein Beispiel: Der Hund wartet angeleint vor dem Lebensmittelgeschäft und beginnt zu bellen. Der Besitzer unterbricht seinen Einkauf, geht nach draußen, schreit aufgebracht: „Aus! Pfui! Willst du jetzt wohl ruhig sein!“ und geht zurück in den Laden. Die Folge: Der Hund bellt noch durchdringender. Ein Tierpsychologe würde dem entnervten Halter empfehlen, seinen Hund immer wieder kräftig zu loben, wenn er sich ruhig verhält und sein Bellen zu ignorieren.

Zum Thema 'Korrekturgriffe'

Achtung! Korrekturgriffe werden bei Retrievern niemals während des Erlernen eines Kommandos eingesetzt.

Korrekturgriffe sind nur dann wirklich gerechtfertigt, wenn sich der Hund den Anordnungen tatsächlich widersetzt. Das wiederum setzt voraus, dass er das betreffende Kommando und die damit in Beziehung stehende Handlung bereits begriffen und verinnerlicht hat (z. B. über die Methode der positiven Handlungsbekräftigung).

Sollte sich Ihr Retriever tatsächlich hartnäckig dagegen sträuben, Ihr deutlich und unmissverständlich gegebenes Kommando zu befolgen, dann machen Sie nicht den Fehler und wiederholen die Anordnung mehrfach oder mit lauter, aufgeregter und zunehmend schriller Stimme. Besser ist es, das Kommando noch ein einziges Mal ruhig und gelassen zu erteilen, gleichzeitig aber einen Korrekturgriff zu setzen: Bei Nichtbefolgen des Kommandos „Fuß" besteht die Korrektur in einem kurzen, kräftigen Leinenruck und dem Kommando „Fuß".

Wird der „Sitz"-Befehl nicht befolgt, fassen Sie das Fell Ihres Retrievers im Bereich der Kruppe, ziehen dabei sein Hinterteil nach unten und erteilen währenddessen das Kommando „Sitz". Oder Sie nehmen die Leine sehr kurz und halten diese dabei vor dem Kopf Ihres Hundes nach oben, so dass er sich einfach hinsetzen muss.

Widersetzt sich Ihr Vierbeiner dem Kommando „Platz", drücken Sie ihn rasch und energisch zur Seite um. Oder Sie fixieren seine Leine (so nahe wie möglich am Halsband), indem Sie diese fest auf den Boden drücken bzw. sich mit dem Fuß darauf stellen. Um dieser unangenehmen Körperhaltung zu entgehen, hat der Retriever keine andere Möglichkeit, als sich hinzulegen. Währenddessen geben Sie erneut das Kommando „Platz".

Wenn Ihr Retriever während der Korrektur eine bestimmte Körperhaltung schließlich von selbst, also aktiv einnimmt (z. B. „Platz" nach Arretierung der Leine) und nicht erst durch Ihren massiven Einfluss, also passiv in diese Haltung gebracht werden muss (z. B. „Platz" nach Umdrücken), war Ihre Rangposition noch nicht allzu stark gefährdet. Dennoch sollten Sie sich bei der Anwendung von Korrekturgriffen immer darüber im Klaren sein, dass Sie jetzt bereits dabei sind, Ihrem Hund schlechte Manieren abzugewöhnen. Lassen Sie es lieber erst gar nicht so weit kommen!

Bei sommerlichen Temperaturen bleibt der Retriever niemals allein im Auto zurück!

Unternehmungen mit dem Retriever

Gebiete, in denen Hunde ungefährdet umhertollen können, finden Sie leider meist nicht mehr in Ihrer unmittelbaren Nähe. Sie werden Ihren Vierbeiner also ins Auto packen müssen, um ein paar Meter zu fahren. Im Allgemeinen liebt es ein Retriever, im Auto mitfahren zu dürfen. Zu seiner wie zu Ihrer eigenen Sicherheit muss er dabei aber durch eine Absperrvorrichtung vom Fahrersitz abgeschirmt sein. Wenn das nicht möglich ist, machen Sie es sich zur Regel, ihn auch bei kurzen Fahrten anzuschnallen. In Zoofachgeschäften gibt es sehr leicht zu handhabende Sicherheitsgurte für Hunde, die auf der Rückbank des Fahrzeuges angebracht werden können. Denn ein im Fahrgastraum nicht gesicherter Hund kann sich schon bei einem leichten Auffahrunfall schwerste Verletzungen zuziehen. Bei einem Schadensfall mit einem nicht gesicherten Tier können Sie zudem Ihren Versicherungsschutz verlieren.

Sind Sie an Ihrem Fahrtziel angelangt, versteht es sich von selbst, dass Ihr temperamentvoller Retriever erst nach Aufforderung aus dem Auto herausspringen darf und nicht bereits hinaus-

	Spaziergang	Übungen	Spielen incl. Rangordnung, Beisshemmung etc.	Training	Besondere Belastungen
3. bis 4. Lebensmonat	3 × tgl. 10 min.	3 × tgl. 2 min.	wann immer	mind. 1 × wöchentl. Welpen-Prägungsspieltage	Keine
5. bis 7. Lebensmonat	3 × tgl. 15–20 min.	3 × tgl. 5 min	Ihnen	1 × wöchentl. Junghundtraining	Keine
8. bis 12. Lebensmonat	3 × tgl. 30 min.	3 × tgl. 10 min.	danach	1 × wöchentl. Junghundtraining oder Begleithundtraining für Anfänger	Keine
nach dem 12. Lebensmonat	mindestens 2 × tgl. 60 min.	mindestens 2 × tgl. 20 min.	zumute ist!	1 × wöchentl. Begleithundtraining für Anfänger bzw. Fortgeschrittene, Dummytraining usw.	nach Gesundheits-Check: am Fahrrad oder neben dem Pferd laufen, Flyball, Turniersport, Agility, Rettungshundausbildung usw.

Tabelle 5: Bewegungs-, Beschäftigungs- und Ausbildungsplan für Retriever

stürmt, sobald Sie die Türen öffnen. Mit dem Kommando „Warten" o. Ä. können Sie schon den Welpen, der sich noch nicht zutraut aus relativ großer Höhe hinabzuspringen, an das Abwarten gewöhnen. Heben Sie ihn dann immer mit dem gleichen Kommando, zum Beispiel mit „Auf geht's" aus dem Wagen. Wenn er später in der Lage ist, allein aus dem Fahrzeug herauszuspringen, sind ihm diese Kommandos bereits vertraut.

Nach langsamer Gewöhnung bleibt der erwachsene Retriever auch im Auto für ein bis zwei Stunden allein. Bei hohen Außentemperaturen dürfen Sie ihn selbstverständlich niemals ohne Aufsicht dort zurücklassen. In den Sommermonaten können leicht geöffnete Wagenfenster keine ausreichende Belüftung gewährleisten und nicht für genügend Abkühlung sorgen. Zudem sollten Sie beachten, dass ein im Schatten abgestelltes Fahrzeug nach kurzer Zeit wieder der prallen Sonne ausgesetzt sein kann. Da alle Retriever recht hitzeempfindlich sind, können sie dabei sehr schnell einen Hitzschlag erleiden.

Auf dem Spaziergang

Bereits als Welpen sind alle Retriever ausgesprochen bewegungsfreudig. Gerade in diesem Lebensalter kann aber zu ausgiebige Bewegung die gesunde Entwicklung des Skelettapparates des Hundes erheblich gefährden. So können zu starke oder einseitige Belastungen Knochen, Knorpel und Bindegewebe schädigen und die Gefahr der Ausprägung einer ererbten Anlage für Hüft- und Ellenbogengelenk-Erkrankungen (die bei allen Retrieverrassen leider relativ häufig vorkommen) verstärken.

Der Welpe kennt derartige Konsequenzen seines Handelns natürlich nicht. Überwältigt von den vielfältigen interessanten Umwelteindrücken und auch, um Ihnen als 'Rudeloberhaupt' zu gefallen, würde er bis zur völligen Erschöpfung mit Ihnen tapsen. Deshalb liegt es jetzt an Ihnen, ihn von allzu strapaziösen Unternehmungen abzuhalten. Bei den quirligen, temperamentvollen Retrievern, die vor Tatendrang geradezu strotzen, ist das ein nicht immer leichtes Unterfangen. Trotzdem sollten Sie z. B. verhindern, dass große und kräftige Hunde zu ungestüm mit Ihrem Kleinen spielen und dass der Welpe in den ersten Monaten steile Abhänge und Treppen hinunterspringt oder z. B. hochspringt, um einen Gegenstand zu erhaschen.

Dass der Welpe zur Schonung seines Gangwerkes niemals an den Vorderbeinen hochgezogen werden darf, damit man ihn auf

„Alpha"-Power!

den Arm nehmen kann, versteht sich eigentlich von selbst. Er wird grundsätzlich aufgenommen, indem eine Hand unter seine Brust, die andere unter sein Hinterteil greift.

Wieviel Bewegung braucht ein Retriever?

Bis zu seinem sechsten Lebensmonat und bei freiem Auslauf im Garten reichen drei kleine Spaziergänge am Tag mit zunächst je zehn, dann je 15 Minuten völlig aus. Außerdem besuchen Sie ja regelmäßig die Welpenspieltreffs, bei denen sich Ihr junger Vierbeiner noch zusätzlich austoben darf und mit anderen Welpen balgen kann. Wenn der Hund ein halbes Jahr alt ist, dürfen Sie die täglichen Spaziergänge ausdehnen. Dreimal am Tag für ungefähr 30 Minuten zu toben und die Umgebung ausgiebig zu erkunden, das ist für Ihren Retriever jetzt ideal. Wenn er zusätzlich regelmäßig mit Ihnen an den Übungsstunden eines Junghundekurses teilnehmen kann und so häufig wie möglich mit anderen Hunden spielen darf, ist Ihr Energiebündel sicher ausgelastet und stellt Ihnen nicht das Haus auf den Kopf. Achten Sie aber bitte immer noch darauf, dass er sich beim Toben nicht zu stark verausgabt, denn er ist auch in diesem Lebensalter noch nicht so belastbar wie ein ausgewachsener Retriever. Erst wenn seine Knochensubstanz weitgehend ausgehärtet ist, was mit zwölf bis 15 Monaten der Fall ist, brauchen Sie keine Angst mehr zu haben, dass er sich übernimmt.

Außergewöhnliche Belastungen, wie das Laufen neben dem Fahrrad oder dem Pferd und das Überspringen von Hürden, wie es z. B. beim Agility-Sport üblich ist, sollten Sie Ihrem Retriever dennoch erst nach einem eingehenden Gesundheits-Check zumuten.

Exkurs: Der Retriever neben dem Fahrrad

Wenn Ihr Retriever ungefähr ein Jahr alt ist, die Vorsorgeuntersuchung hinter sich und keine gesundheitlichen Probleme hat, dürfen Sie damit beginnen, ihn angeleint neben dem Fahrrad zu führen. Von Anfang an sollte er dabei auf der rechten, also auf der vom Straßenverkehr abgewandten Seite mitlaufen. Um ihm klarzumachen, nicht wie gewohnt links, sondern rechts zu bleiben, verwenden Sie jetzt nicht das Kommando „Fuß“ sondern zum Beispiel „Rad“ oder „Vélo“.

Fangen Sie zunächst mit kleinen Ausfahrten auf Feldwegen an, bei denen Ihr Vierbeiner unangeleint neben dem Rad herlaufen darf. Jetzt kommt die positve Handlungsverstärkung wieder zum Einsatz: Sobald Ihr Retriever zufällig auf Ihrer rechten Seite mitläuft, ermuntern Sie ihn mit dem Kommando „Rad“, dort weiterzulaufen. Loben Sie ihn sehr für sein Verhalten. Üben Sie am Anfang bitte nicht zu lange, sondern lassen Sie ihn nach spätestens einer Minute wieder frei umhertollen. Haben Sie Ihrem Hund ausreichend Gelegenheit gegeben, das Kommando „Rad“ zu seinem Tun in Beziehung zu setzen, können Sie ihn rechts neben dem Fahrrad (das Sie vorerst nur schieben sollten) an die 1-m-Führleine nehmen.

Wickeln Sie die Leine dabei aber niemals um Ihre Hand oder um den Lenker! Denn sollte Ihr Retriever eine unkontrollierte Bewegung machen, die Sie gefährden könnte, oder zur Seite ausbrechen, müssen Sie immer in der Lage sein, die Leine sofort loszulassen.

Ihr Retriever wird von dieser Art des Gassigehens mit Sicherheit begeistert sein und mit großer Ausdauer neben dem Fahrrad herstürmen. Gegen einen kurzen Sprint ist selbstverständlich nichts einzuwenden. Denken Sie aber bitte immer daran, dass Sie nicht mit einem Greyhound unterwegs sind. Gerade die kompakteren Rassen unter den Retrievern kommen bei rasanten Fahrradtouren insbesondere in den Sommermonaten schnell an die Grenze ihrer körperlichen Leistungsfähigkeit. Dabei sind die langhaarigen Vertreter mit dunkler Fellfärbung bei starker Sonneneinstrahlung natürlich wesentlich stärker gefährdet als diejenigen Tiere mit hellem, kurzem Fell.

Richten Sie sich mit Ihrer Fahrtgeschwindigkeit deshalb bitte stets nach Ihrem Hund! Sobald er sich nicht mehr ruhig trabend fortbewegt, sondern zu galoppieren beginnt, müssen Sie Ihr Tempo unbedingt drosseln.

Obwohl sich die wasserbegeisterten Retriever stets freiwillig und selbst in der kleinsten Pfütze Kühlung verschaffen, sind Sommer-Spaziergänge in den frühen Morgen- und späten Abendstunden denen in der Mittagshitze (nicht nur im Hinblick auf die Gesundheit des Hundes) vorzuziehen.

Bindung verstärken

Retriever sind sehr zuverlässige Hunde, die sich ihrem Umfeld gut anzupassen verstehen. Erwachsene Tiere, die die Chance hatten, eine innige Bindung zu ihren Menschen aufzubauen, suchen geradezu den ständigen Kontakt zu ihrer Bezugsperson. Dennoch sollten Sie bereits den Welpen und Junghund immer wieder daran erinnern, seine Aufmerksamkeit auf sein menschliches Rudel zu richten und nicht nur seinen eigenen Interessen nachzugehen. Das gemeinsame Spazierengehen eignet sich besonders gut für derartige Übungen.

Sollte Ihr Retriever also längere Zeit keine Notiz von Ihnen genommen haben, gehen Sie, ohne ein Kommando an ihn zu geben, in die entgegengesetzte Richtung davon oder verstecken Sie sich. Sobald Ihr Hund bemerkt, dass er Sie verloren hat, wird er sich auf die Suche nach Ihnen machen. Loben Sie ihn gebührend, wenn er dann zu Ihnen kommt. Wenn ihm so etwas häufiger passiert, wird er bald begriffen haben, dass er Sie im Auge behalten muss, damit Sie nicht plötzlich verschwinden. Er wird deshalb ganz von allein aufrücken oder regelmäßig mit Ihnen Kontakt aufnehmen.

Verfolgung ist tabu

Wenn Sie in den ersten Wochen und Monaten viel Zeit in die Erziehung Ihres Retrievers investieren, haben Sie zeitlebens einen gehorsamen Begleiter, der das Erlernte freudig und von ganz allein anwendet. Denn ein erwachsener Hund, der stets vertrauensvoll mit den Mitgliedern seines Rudels Kontakt aufnehmen kann, wird es nicht als Einschränkung empfinden, an deren Seite zu bleiben, anstatt Wild, Radfahrern oder Joggern nachzujagen. Dem vor Temperament sprühenden Junghund müssen Verfolgungsspiele allerdings erst einmal mit viel Konsequenz untersagt werden. Vorausschauendes und umsichtiges Handeln Ihrerseits ist dazu schon nötig.

Der Einsatz einer Feldleine von etwa zehn Meter Länge (im Jagdzubehör- oder Hundefachhandel erhältlich) kann dabei eine große Hilfe sein: Taucht in der Ferne ein geeignetes 'Übungs-Opfer' auf, nehmen Sie Ihren Retriever an diese lange Leine. Achten Sie darauf, dass die Leine locker durchhängt und kein Zug auf ihr herrscht. Hat sich die vermeintliche Beute genähert, geben Sie Ihrem Retriever das Kommando „Sitz" (Stimme oder Pfeife). Läuft er unbeeindruckt von Ihrem Kommando weiter, gebieten Sie seinem Bewegungsdrang mit der Leine Einhalt und erteilen dabei nochmals das Kommando „Sitz". Bleibt er trotz Ablenkung brav sitzen, gehen Sie zu ihm und loben ihn überschwänglich. Jetzt ist sogar ein Belohnungshappen angebracht.

Wiederholen Sie dieses Vorgehen auf Ihren Spaziergängen immer wieder. Erst wenn sich Ihr Hund auf Kommando stets unverzüglich setzt und auch sitzen bleibt, brauchen Sie ihn in solchen Situationen nicht mehr an eine lange Leine zu nehmen. Anstatt den Hund absitzen zu lassen, können Sie ihn auch mit dem Kommando „Hier" bzw. Doppelpfiff (Tü-Tü) oder dem Kommando „Komm" zu sich rufen und bei Nichtbefolgen mit der langen Leine einholen. Verwenden Sie das Kommando, das Ihnen erfolgversprechender erscheint, ihm das Nachjagen zu untersagen.

Haben Sie Probleme damit, Ihrem Retriever das Verfolgen oder Anspringen abzugewöhnen, machen Sie bitte nicht den Fehler und gehen dem Problem aus dem Weg! Es ist die falsche Lösung, nur noch an einsamen und unbelebten Orten spazieren zu gehen oder den Retriever nur an der Leine Gassi zu führen. Suchen Sie stattdessen gerade solche Situationen zum Üben, Üben, Üben. Vielleicht ist es wenigstens ein kleiner Trost, wenn ich Ihnen sage, dass auch die Profis unter den Retrieverausbildern bisweilen mit derartigen Problemen bei Ihren jungen Hunden zu kämpfen haben.

Um überraschenden Zusammenkünften zum Beispiel mit Wild oder Fahrradfahrern vorzubeugen, können Sie Ihren Junghund an Weggabelungen oder unübersichtlichen Waldwegen regelmäßig mit dem Kommando „Sitz" (auf Entfernung) absitzen lassen. Gehen Sie dann zu ihm und loben Sie ihn ausgiebig. Anschließend erteilen Sie ein weiteres Kommando „Lauf, Lauf", wenn er weitergehen darf oder z. B. „Rechts" (mit Armbewegung in diese Richtung), wenn er rechts abbiegen soll. Auch wenn Ihnen das im Moment sehr aufwendig erscheinen mag, werden Sie dennoch feststellen, dass Ihr Retriever an derartigen Stellen allmählich ganz von selbst sein Lauftempo reduziert und sich dabei kurz nach Ihnen umschaut. Es genügt dann ein kleines Handzeichen oder der Blickkontakt, um dem Hund mitzuteilen, was Sie als Nächstes von ihm erwarten.

Derartige Übungen im Junghundalter tragen dazu bei, dass auch Sie selbst beim gemeinsamen Gassigehen wirkliche Entspannung finden können und nicht ständig in Hab-Acht-Stellung zu sein brauchen. Und dennoch: Ganz aus den Augen lassen dürfen Sie Ihren Retriever natürlich niemals, besonders dann, wenn er sich beispielsweise stark für Mäuse interessiert. Denn Sie müssen ihn auf jeden Fall davon abhalten, nach diesen Kleinsäugern zu graben und sie zu fressen. Die Gefahr, dass er sich über deren Verzehr z. B. mit Bandwürmern, insbesondere dem gefährlichen Fuchsbandwurm infiziert, ist sehr groß. Gerade bei engem Körperkontakt mit Ihrem schmusebedürftigen Retriever sind dann auch Sie und Ihre Familie gefährdet (vgl. dazu „Wurmbefall"). Sobald er sich also anschickt zu graben, rufen oder pfeifen Sie ihn jedesmal zu sich heran. Sollte er Ihrer Anordnung nicht sofort nachkommen, gehen Sie zu ihm und holen ihn ab, jedoch nicht ohne ihn mit Nachdruck zu korrigieren (über den Fang greifen o. Ä., siehe oben).

Ein Verhalten, dass ich insbesondere bei jungen Retrievern beobachten konnte, ist ihr 'Renn-Anfall'. Plötzlich und für den Beobachter ohne ersichtlichen Grund startet der Hund in geduckter

Körperhaltung und mit eingezogenem Hinterteil, um dann mit rasanter Geschwindigkeit weiträumig im Kreis zu rennen. Keine Sorge, dieses Verhalten ist nicht pathologisch und darf auf keinen Fall als 'Nachjagen' oder Ähnliches missdeutet und dem Hund untersagt werden – nach spätestens 20 Sekunden ist der Spuk ohnehin vorüber. Sie selbst allerdings sollten gut aufpassen, dass Sie dabei nicht von Ihrem 'Temperamentsbolzen' umgerannt und niedergestreckt werden.

Apportieren

Ihr Retriever-Welpe wird begeistert versuchen, alles mögliche am Boden Liegende zu fressen oder sich darin zu wälzen. Wenn Sie ihm das jedesmal sehr konsequent verbieten, wird er bald verstanden haben, dass Sie solche Verhaltensweisen nicht dulden. Nimmt er aber einen Gegenstand vom Boden auf und trägt ihn, sollten Sie ihm dieses Verhalten nicht untersagen. Im Gegenteil: Sie müssen ihn mit dem Kommando „Apport" ermuntern, Ihnen diesen Gegenstand (und sei er noch so unappetitlich für Sie) zu bringen und zu überlassen.

Rufen Sie Ihren Welpen deshalb freundlich auffordernd zu sich. Vielleicht laufen Sie sogar ein Stückchen in die entgegengesetzte Richtung davon, um ihn zu motivieren. Loben Sie den kleinen Hund überschwänglich, wenn er mit der 'Beute' im Fang brav zu Ihnen kommt. Nehmen Sie ihm das Apportierte sanft und mit einem sehr freundlichen „Gib aus" ab (alternativ geben Sie ihm etwas in den Fang, das er tragen darf) und gehen Sie zur Tagesordnung über. Nur so kann Ihr junger Retriever die ihm angeborenen Verhaltensweisen **Aufnehmen** und **Tragen** mit angenehmen Empfindungen verknüpfen.

Laufen Sie Ihrem Welpen stattdessen aufgeregt und wild gestikulierend hinterher, um ihm sein Tun lautschreiend mit „Aus", „Pfui" o. Ä. zu untersagen, dann werden Sie mit Sicherheit nicht das erreichen, was Sie damit beabsichtigen. Ihr ursprünglich für das Apportieren gezüchteter Retriever wird weiterhin Dinge aufnehmen und herumtragen. Er wird sich aber trotz Herbeirufen nicht mehr auf den Weg zu Ihnen machen, sondern mit dem Apportierten im Fang lieber davon laufen, um einer Bestrafung zu entgehen.

Rasch hat der Labrador erkannt, wie das ungewöhnliche Dummy am geschicktesten zu transportieren ist.

Um zu vermeiden, dass Ihr Kleiner nun erst recht alles aufsammelt, damit er es zu Ihnen tragen kann, geben Sie ihm schon frühzeitig und so häufig wie möglich die Gelegenheit, sein Welpen-Dummy umherzutragen und dieses zu Ihnen zu bringen. Sobald er das Dummy abgegeben hat, werfen Sie es sofort wieder, so dass er es erneut heranbringen kann. Durch solche Bringspiele können Sie die Apportierleidenschaft Ihres jungen Retrievers steigern; außerdem lernt Ihr Hund, sein Bringsel gerne abzugeben. Packen Sie das Dummy stattdessen gleich weg, sobald er es übergeben hat, wird er mit der Zeit immer weniger Freude am Apportieren haben und vor allem den Gegenstand weniger bereitwillig abliefern.

Und noch einige Kleinigkeiten sollten Sie gleich zu Beginn Ihres gemeinsamen Apportiertrainings beachten: Der Retriever sollte sich nicht angewöhnen dürfen, sein Dummy zu schütteln oder zu 'knautschen' – das darf er nur mit seinem Spielzeug. Und er sollte es zur Übergabe nicht einfach vor Ihnen fallen lassen, sondern so lange im Fang behalten, bis Sie ihn zum Ausgeben auffordern. Um das Festhalten zu fördern, können Sie sich wieder seine Begeiste-

Ohne Mitbringsel kommt ein Retriever selten vom Gassigehen nach Hause.

rungsfähigkeit zunutze machen: In ein kleines Rennspiel verwickelt, geben Sie Ihrem Hund mehr zufällig sein Dummy in den Fang und erteilen dabei das Kommando „Fest" oder „Halten". Laufen Sie mit ihm ein bisschen um die Wette, immer begleitet von Ihrem Festhalte-Kommando. Loben bitte nicht vergessen!

Und noch ein Letztes sollten Sie beherzigen: Kein Seilziehen oder Stöckchenzerren mit dem Retriever spielen! Es könnte den Hund lehren, fester zuzupacken. Wie Sie jedoch wissen, zeichnen sich alle Retrieverrassen durch ihre 'Weichmäuligkeit' aus, also der Eigenschaft, sanft zuzufassen. Besonders dann, wenn Sie Ihren Retriever jagdlich ausbilden wollen, werden Sie diese Fähigkeit zu schätzen lernen.

Anders als in älteren Beschreibungen über den Curly Coated Retriever zu lesen, sind alle mir bekannten Curlys 'weichmäulig' und nicht darauf versessen, ihr Bringsel zu 'knautschen'. Der Curly-Rüde meiner Freundin ist sogar in der Lage, ein rohes Ei durch das Haus, in den Garten und unversehrt wieder zurück zum Kühlschrank zu tragen.

Wasser und etwas zum Apportieren – dann ist der Retriever ganz in seinem Element.

Beim Schwimmen

Hunden ist die Fähigkeit zu Schwimmen angeboren. Insbesondere beim Retriever werden Sie auch keine Mühe haben, ihn an Wasser zu gewöhnen. Schon als Welpe traut er sich ins kühle Nass und ist nur mit Überredung wieder herauszubekommen.

Wird hier nur das Wasser aus dem Pelz gerieben oder hat diese Flat-Hündin gar etwas Leckeres zum Parfümieren entdeckt?

Aber Achtung! Lassen Sie Ihren Hund niemals mit angelegtem Halsband schwimmen. Zu leicht könnte er zum Beispiel an einem Ast hängen bleiben und sich verletzen. Auch beim gemeinsamen Spielen und Toben sollten Hunde kein Halsband tragen! So können ernsthafte Verletzungen vermieden werden, die auftreten, wenn sich beispielsweise ein Eckzahn oder eine Pfote unter dem Halsband des Spielpartners verklemmt hat.

Sollte Ihr Retriever wider Erwarten keine Begeisterung für das Wasser zeigen, zwingen Sie ihn niemals zum Schwimmen! Viel wirkungsvoller und ohne Nachteile für seine Psyche ist es, wenn Sie einen erwachsenen und schwimmerfahrenen Hund als Begleitung an ein ruhiges Gewässer, am besten an einen See, mitnehmen. Es wird mit Sicherheit nicht lange dauern, und Ihr Kleiner folgt dem Beispiel des Großen.

Nicht zu verwechseln mit Wasserscheue ist das Verhalten junger Toller am Ufer. Wie schon zuvor erwähnt, wurde diese Retrieverrasse ja dafür gezüchtet, durch auffällige, blitzartige Bewegungen am Wasser und im Schilf Enten auf sich aufmerksam zu machen und anzulocken. Läuft Ihr Nova Scotia also zunächst mehrmals am Ufer hin und her, ohne das Wasser 'anzunehmen', dann ist dies ein völlig natürliches und toller-typisches Verhalten. Erst danach wird er 'schwimmen gehen'.

Erwachsene Retriever schwimmen übrigens mit äußerst kraftvollen Bewegungen, wobei die Rute als eine Art Ruder eingesetzt wird. Die Rückenlinie knapp unter, Schultern und Kopf dicht über der Wasseroberfläche, immer bereit ein Objekt zu lokalisieren, so gleiten sie durch ihr Element.

Ihr fetthaltiges Haarkleid trocknet ausgesprochen schnell. Auch bei den lang und sehr dicht behaarten Rassen (Golden, Toller) genügt mehrmaliges kräftiges Schütteln nach dem Schwimmen, um das Wasser aus dem Fell herauszuschleudern. Der Rest perlt einfach ab.

Die z. T. extrem dicke Unterwolle, die selbst im Sommer noch relativ 'gut' vorhanden ist, verhindert das Durchdringen der Feuchtigkeit und ein Nasswerden der Haut. Obwohl Curly und Flat Coated Retriever kaum isolierende Unterwolle besitzen, schadet auch ihnen ein Bad in eiskaltem Wasser nicht, vorausgesetzt, sie können sich danach durch ausgiebige Bewegung warm halten.

Lassen Sie Ihren Retriever schon bald auch aus dem Wasser apportieren. Verwenden Sie dazu aber niemals Stöcke! Beim Ausstieg aus tiefen Gewässern hat sich schon mancher Hund einen Stock in den Rachen gerammt und dabei schwer verletzt. Werfen Sie ihm stattdessen schwimmfähige Dummies oder ein spezielles Wasser-Dummy. Statten Sie es zunächst mit einer langen Schnur aus, dann haben Sie die Möglichkeit, das Bringsel wieder einzuholen.

Hundebegegnungen

Ist Ihr Retriever durch die regelmäßige Teilnahme an Welpenspiel-Treffs und durch zahlreiche Kontakte zu erwachsenen Hunden während seiner Welpenentwicklung gut sozialisiert, kennt er alle Formen der unter Hunden üblichen sozialen Verhaltensweisen. Er wird auch im Junghund- und Erwachsenenalter keine Probleme im Umgang mit anderen Hunden haben. Geben Sie ihm deswegen die Chance, möglichst viele fremde Hunde zu begrüßen, ausgiebig zu beschnüffeln und mit ihnen zu spielen. Eines aber müssen Sie Ihrem lebhaften Retriever bei solchen Zusammentreffen unbe-

Auch erwachsene Retriever spielen begeistert miteinander.

Im gemeinsamen Spiel lernen die jungen Retriever soziale Verhaltensweisen und ihre Kräfte unter Kontrolle zu bringen.

dingt klarmachen: Er darf niemals eigenmächtig, sondern erst nach Ihrer Erlaubnis auf einen anderen Hund zustürmen. Nehmen Sie ihn deshalb zunächst kurz „Bei Fuß“, bevor Sie ihn losschicken.

Obwohl alle Retriever mit fremden Hunden sehr verträglich sind, scheint es dennoch innerhalb der verschiedenen Retrieverrassen Verhaltensunterschiede zu geben: Bei unseren gemeinsamen Unternehmungen konnte ich immer wieder feststellen, dass Labrador und Golden Retriever meist wesentlich schneller bereit waren, sich auf Dominanzgehabe des (gleichgeschlechtlichen) Gegenübers widerspruchslos zu unterwerfen oder einer sich zuspitzenden Situation rasch aus dem Wege zu gehen als z. B. Flat und Curly Coated oder Chesapeake Bay Retriever. Auch wenn diese ihre Dominanzgesten länger aufrecht erhalten konnten, kam es trotzdem nie zu einer ernsthaften Auseinandersetzung.

Retriever-Treff

Nicht nur beim Welpenspieltag oder beim Training auf dem Übungsplatz, auch während der täglichen Spaziergänge machen 'Hundeleute' schnell Bekanntschaften und schließen Freundschaften. Man vereinbart Termin und Treffpunkt, bringt noch einen anderen befreundeten 'Hundler' samt Anhang mit, und schon haben Zweibeiner wie Vierbeiner viel zu plaudern bzw. zu schnüffeln.

Wollen Sie Ihrem Hund aber eine ganz besondere Freude machen, dann nehmen Sie, so oft es Ihnen möglich ist, an den von den Retrieververeinen organisierten Wanderungen und Retriever-Treffs teil. Haben Sie erst einmal miterlebt, was los ist, wenn 30 Retriever oder mehr miteinander toben und zusammen schwimmen, werden Sie ohnehin keines dieser Treffen versäumen wollen. Die Termine solcher Veranstaltungen werden frühzeitig in den Retrieverzeitschriften und teilweise auch im Internet angekündigt.

Bei der Ausbildung

Retriever sind Spätentwickler. Die Differenzierung ganz besonders ihrer psychischen Anlagen ist im zweiten Lebensjahr noch in vollem Gange und vor Ablauf des dritten Jahres auch nicht abgeschlossen. Es genügt also nicht, dem Hund eine rechtzeitige Sozialisierung und Früherziehung angedeihen und später alles Weitere auf sich beruhen zu lassen. Eine kontinuierliche Erziehung und eine solide Ausbildung, welche die hervorragenden Anlagen der Retriever wie z. B. ihre Lernwilligkeit und ihre Arbeitsfreude fördern, sind nicht nur für die Festigung und Vertiefung der gegenseitigen Bindung und der sozialen Kommunikation innerhalb Ihrer Mensch-Retriever-Beziehung unabdingbar, sondern sie dienen vor allem auch der Erhaltung der rassespezifischen Leistungsfähigkeit Ihres Hundes sowie der gezielten Lenkung seines hohen Aktivitätsbedürfnisses bzw. seines 'Tatendranges'.

Es wurde bereits darauf hingewiesen, dass gerade Chesapeake Bay und Curly Coated Retriever, aber auch Toller sehr selbstbewusste und selbstständige Hunde sind, die häufig eigene Vorstel-

E-Wurf „Brown Beaver" mit ihrer Mutter „A Little Valentine" (links). Züchterin: Karin Edle von Löw.

lungen von bestimmten Vorgehensweisen entwickeln. Weniger abwechslungsreiche und für sie uninteressante Übungen quittieren sie z. B. mit 'Arbeitsverweigerung'. Diesem Verhalten (vorschnell und fälschlicherweise mit 'stur' oder 'schwer abrichtbar' bezeichnet) liegt aber in der Regel das Unverständnis des Hundeführers zugrunde: Es lässt darauf schließen, dass sich der Halter weder bemüht hat, das individuelle Verhalten seines Hundes kennen zu lernen, noch genügend Anstrengungen unternommen hat, den Bedürfnissen seiner speziellen Retrieverrasse entgegenzukommen. Denn ähnlich den Flat Coats durchlaufen Chesapeake Bay und Curly Coated Retriever, aber auch die Toller eine noch längere Reifungsphase (physisch wie mental) als Labrador bzw. Golden Retriever und müssen deswegen langsamer, einfühlsamer und vor allem über einen größeren Zeitraum erzogen und ausgebildet werden.

Janet P. Horn beschreibt dies für den Chessie so:

„Der Chesapeake bringt die beste Leistung für diejenigen Menschen, die er liebt, und der einfühlsame Besitzer hat keine Schwierigkeiten ihn auszubilden." Audrey Nichols sagt über den Curly:

„Er ist ein großer Individualist... aber auch ein Spätentwickler... Er ist also nichts für jemand, der schnelle Erfolge und einen blind folgenden Hund haben will... denn ein Curly benötigt Festigkeit, gepaart mit Freundlichkeit und endloser Geduld, soll er ein Erfolg werden."

Und über den Toller schreibt Gaby Boysen (Rassebetreuerin für Toller im DRC):

„Ein Toller entwickelt sich langsam, daher muss man sich als Laie Zeit mit der Ausbildung lassen und am besten mit erfahrenen Retrieverbesitzern zusammenarbeiten... Der Toller ist ein Superhund, wenn man ihn versteht."

Arbeiten Sie also, wann immer es Ihnen möglich ist, mit Ihrem Retriever und nutzen Sie die vielfältigen Angebote auf den zahlreichen Hundeübungsplätzen und im Gelände. Die landesweiten Ausbildungsveranstaltungen, insbesondere die der Retrieververeine bieten nicht nur den Retrievern ausreichend Gelegenheit, sich hundgemäß zu verhalten und rassespezifisch zu arbeiten, sondern sie ermöglichen auch ihren Menschen neue Bekanntschaften und den Erfahrungsaustausch unter Retriever-Freunden. Ich bin sicher, auch Ihr Retriever wird mit allergrößter Begeisterung an den Trainingsveranstaltungen teilnehmen und jedesmal voll freudiger Erwartung an der Haustüre stehen, sobald Sie ihre Arbeitsutensilien zusammenpacken.

Exkurs: Auch ein Hund kommt in die Pubertät

Das regelmäßige Arbeiten mit dem Retriever ist noch aus einem ganz anderen Grund und gerade in der zweiten Hälfte seines ersten Lebensjahres äußerst wichtig: Seine 'Flegelzeit' bricht an. Hormonelle Veränderungen in seinem Körper lösen auch beim Hund widerstreitende Gefühle aus, die z. B. Eigensinnigkeit und Ungehorsam zur Folge haben können. Wenn Ihr Retriever also plötzlich Kommandos, die er bereits beherrscht hat, nicht mehr korrekt befolgt oder erneut Verhaltensweisen zeigt, die Sie bereits unter Kontrolle glaubten, dann werden Sie bitte nicht ärgerlich und bestrafen ihn unangemessen.

Zeigen Sie stattdessen Einfühlungsvermögen und gehen Sie behutsam, aber dennoch konsequent mit Ihrem pubertierenden Vierbeiner um. Beschäftigen Sie sich intensiv mit ihm, um die gegenseitige Bindung weiter zu festigen, aber auch, um die Rangfolge immer wieder klarzustellen. So sollten Sie Ihren Retriever z. B. während der Ausbildungsstunden auf dem Übungsplatz immer wieder sanft, aber bestimmt daran erinnern, trotz starker Ablenkung durch andere Hunde oder Menschen stets auf Sie zu achten und alle Ihre Kommandos korrekt zu befolgen. Denn gerade in dieser Entwicklungsphase, in der er auch Sie auf Ihre Wesensfestigkeit und Ihre psychische Widerstandskraft hin überprüft, sollte Ihr Hund keine Möglichkeit erhalten, sich Ihren Anordnungen zu widersetzen. Dann wird er Ihre Autorität auch weiterhin nicht in Zweifel ziehen und keinen Anlass sehen, die hierarchische Ordnung in Ihrem 'Rudel' verändern zu müssen.

Die Pubertät, dieser mitunter etwas schwierige, aber äußerst wichtige Entwicklungsabschnitt auf dem Weg zum Erwachsenwerden, dauert bei Hunden selten länger als ein bis zwei Monate. Spätestens dann, wenn der Retriever-Rüde das Bein hebt, um zu urinieren und damit Markierverhalten zeigt (9. bis 11. Monat) und die Retriever-Hündin zum ersten Mal läufig wird (8. bis 12. Monat), ist die sexuelle Reife erreicht und die Pubertät weitgehend abgeschlossen.

Ihre Persönlichkeit allerdings ist noch lange nicht voll ausgereift. Das wird, wie bereits erwähnt, erst im Alter von zwei bis drei Jahren der Fall sein und nach Erfahrungsberichten bei Labrador und Golden früher deutlich werden als bei den anderen Retrieverrassen.

Das Arbeiten mit Dummies

Die Beschäftigungsmöglichkeit, die den ursprünglichen Aufgaben unserer Apportierhunde zweifellos am nächsten kommt, ist das Arbeiten mit Dummies. Es eignet sich für jagdlich wie für nichtjagdlich geführte Retriever gleichermaßen. Denn meistens steht vor dem Arbeiten mit Wild auch ein gründliches Apportiertraining mit Dummies. Zu den üblichen Fächern zählen z. B. Markier-Apporte (Marking), Einweisen auf Dummies, Ausarbeiten einer Schleppe und (Freie) Verlorensuche.

Um mit dem Training beginnen zu können, muss der Retriever bereits sehr zuverlässig apportieren und er muss den notwendigen Grundgehorsam zeigen. Voraussetzungen sind das Absolvieren eines Begleithundekurses und die bestandene Begleithundeprüfung.

Die Ausrüstung

Die wichtigsten Trainingsgegenstände für Retriever sind selbstverständlich Dummies, ca. 500–1500 g schwer und in unbegrenzter Anzahl (mindestens jedoch vier Stück). In der Regel werden sogenannte schwimmfähige Standard-Dummies mit Wurfgriff verwendet.

Es kommen aber auch Hasen-Dummies (ohne Wurfgriff), Wasser-Dummies (aus Kunststoff) oder mit einem Stück Hasenfell umwickelte Apportiersäckchen zum Einsatz.

Des weiteren benötigen Sie Ihre Hundepfeife mit hellem Komm-Pfiff und Triller. Die Profis unter den Retriever-Ausbildern schwören übrigens auf Kunststoff-Pfeifen und nicht länger auf die früher üblichen Modelle aus Horn. Da das Kunststoffmaterial eine sehr exakte Frequenznormierung ermöglicht, können verlorene Pfeifen leicht durch frequenzgleiche ersetzt werden, ohne dass der Retriever neu eingearbeitet werden muss. Zudem bleibt die Tonfrequenz auch bei unterschiedlichen Witterungsverhältnissen nahezu unverändert.

Zur Vervollständigung der Ausbildungsutensilien fehlt jetzt noch eine geeignete Leine. Am zweckmäßigsten ist die in England entwickelte und nach ihrem Erfinder benannte Moxon-Leine, die in zahlreichen Ausführungen im Hundefachhandel erhältlich ist. Ihr Vorteil: Sie ist Halsband und Leine zugleich. Vorausgesetzt die Halsung wurde korrekt angelegt (siehe Abbildung), kann sie dem Hund rasch abgestreift und ggf. in der kleinsten Tasche verstaut werden, bevor er z. B. zur selbstständigen Suche in tiefes Schilfwasser oder in dichtes Unterholz geschickt wird. (Wie Sie wissen, dürfen unsere Vierbeiner aus Sicherheitsgründen dabei niemals ein Halsband tragen.) Diese häufig als Retrieverleine bezeichnete Halsung wird z. B. auch sehr gerne beim Ansetzen des Hundes auf eine Schleppspur verwendet.

Das Trainingsprogramm

Als Erstes steht das Üben der **steadiness** (Standruhe) auf dem Programm. Langsam wird der Retriever darauf hingeführt, Dummies erst nach Aufforderung zu apportieren und sich weder durch dicht neben ihm fallende Bringsel noch durch andere arbeitende Hunde zum Einspringen verlocken zu lassen.

Beherrscht er diese erste Lektion, erlernt der Retriever das Kommando „Voran". Dabei sitzt er zunächst ruhig und gelassen ('steady') neben seinem Führer. Sobald dieser das Hörzeichen erteilt, muss der Hund in gerader Linie in die durch Handzeichen gewiesene Richtung loslaufen und die eingeschlagene Richtung solange beibehalten, bis er ein Dummy findet bzw. bis er 'abgepfiffen' wird. Äußerst wichtig ist dabei, dass er wirklich erst dann startet, wenn das Hörzeichen ertönt, und nicht bereits losstürmt, sobald der Führer seinen linken Arm nach vorne bewegt. Nur wenn sich der Retriever zunächst auf das Handzeichen konzentriert, ist er auch in der Lage, die feinen Nuancen in der Richtungsweisung sicher zu erkennen.

Um dem Vierbeiner rasch ein Erfolgserlebnis zu bescheren, wird das Dummy zunächst in geringer Entfernung und 'sichtig' geworfen. Das heißt, der Hund kann dabei Flugbahn und Fallstelle des Bringsels (manchmal auch nur seine Flugbahn) deutlich sehen. Im Gegensatz zu einem solchen **Markier-Apport** spricht man bei einem 'nicht sichtig' geworfenen Apportel, bei dem der Hund nicht

So wird die Retrieverleine richtig angelegt.

erkennen kann, ob und wo ein Dummy geworfen wird, von einem **blinden Apport**. Dieses 'blind retrieve' ist eine höhere Schwierigkeitsstufe, denn der Hund muss erkennen lernen, dass es auch dann etwas zu bringen gilt, wenn er nichts fliegen oder herabfallen gesehen hat.

Parallel zu den oben genannten Übungen gewöhnt man den Vierbeiner daran, sich jederzeit stoppen ('abpfeifen') zu lassen und zwar unabhängig davon, ob er sich gerade von seinem Führer weg oder zu diesem hin bewegt. Selbst dann, wenn er nach einem „Hier"-Pfiff zu seinem Führer oder nach dem Kommando „Voran" zu einem sichtig geworfenen Dummy unterwegs ist, muss der Retriever auf einmaligen „Sitz"-Pfiff sofort anhalten und sich seinem Menschen zuwenden bzw. sich ihm zugewandt hinsetzen.

Erst wenn auch diese Programmpunkte sicher beherrscht werden, folgt das Fach **Einweisen**, also das 'Lenken' des Retrievers über z. T. große Entfernungen auf sichtige oder nicht-sichtige Dummies (bzw. Wild). Wie beschrieben, schickt man den Hund mit dem Kommando „Voran" in gerader Linie zum Apportieren los, um ihn dann auf Höhe eines Dummies mit dem „Sitz"-Pfiff abzustoppen und durch Handzeichen (meist unterstützt durch einen Ausfallschritt in die entsprechende Richtung) direkt auf das Bringsel hinzudirigieren. Auch dabei muss der Hund lernen, in gerader Linie zu laufen und die angegebene Richtung möglichst exakt einzuhalten. Denn nicht immer liegen die Dummies sehr weit voneinander entfernt, so dass bei Nichteinhalten der Richtung leicht ein anderes als das vom Führer anvisierte Dummy aufgenommen wird. Nur wenn es unbedingt erforderlich ist, motiviert man den Retriever zusätzlich zu den richtungsweisenden Handzeichen mit dem Kommando „Apport", das Dummy zu suchen und aufzunehmen.

Das Voranschicken in gerader Linie sollte schließlich nicht nur aus der Grundstellung (Hund sitzt links neben dem Führer), sondern ebenso zuverlässig auch von jeder anderen Stelle aus möglich sein: Das dabei verwendete „Weiter geradeaus" signalisiert der Führer seinem Hund, indem er beide Arme schräg nach oben bewegt, so dass der Retriever das Kommando auch noch aus größerer Entfernung sicher erkennen kann.

Konzentriert verfolgt der Labrador Retriever das Geschehen. Selbst neugieriges Publikum vermag ihn nicht abzulenken, denn gleich heißt es für ihn „Voran"...

. . . und dann hält ihn nichts mehr davon ab, das Kaninchen aufzunehmen . . .

und mit der gemeinsamen Jagdbeute zu seinem Menschen zurückzustürmen.

In der Praxis hat es sich bewährt, den Retriever vor dem Üben der Verlorensuche einige **Schleppen** arbeiten zu lassen. Die Arbeit auf der Schleppe simuliert eine Jagdsituation, in der die Spur angeschossenen und sich wegschleppenden Wildes vom Hund so lange verfolgt wird, bis er das verendete Tier findet: Dazu wird ein an einer Schnur befestigtes Dummy von einem Ausgangspunkt, dem sogenannten Anschuss (mit Bodenverwundung) zunächst ohne, dann mit Einbringen von Winkeln fünfzig und später bis mehrere hundert Meter weit über den Untergrund gezogen. Wegen des geringen Eigengeruchs von Dummies wird gelegentlich mit Bringseln gearbeitet, die vorher mit nach Wild riechenden Duftstoffen präpariert wurden. Wenn der Hund gelernt hat, die Schleppe mit der langen Leine und in Begleitung seines Führers sicher zu arbeiten, wird er nur noch mit einer kurzen Leine (Retrieverleine) und einem Kommando z. B. „Spur" (sprich „Spuuur") angesetzt, um nun selbstständig die Schleppspur auszuarbeiten, das Dummy aufzunehmen und seinem Führer zuzutragen.

Die **(Freie) Verlorensuche** wird mit dem Retriever in der Regel erst dann trainiert, wenn er sich schon sicher einweisen lässt. Ansonsten kann es vorkommen, dass der Hund bereits beim Einweisen zu wenig Blickkontakt zu seinem Führer hält und sich zu weiträumiges Suchen angewöhnt. Anders als beim Einweisen auf ein Apportel verwendet man bei der Verlorensuche, also der möglichst selbstständigen Suche des Hundes nach im Gelände ausgelegten Dummies, keinerlei Handzeichen.

Mit dem Kommando „Such" oder „Such verloren" (und beiden Händen auf dem Rücken) schickt man den Retriever ins Gelände. Erst wenn der Hund nicht mehr ausdauernd genug arbeitet, was bisweilen nach mehrmaligem Ansetzen eintreten kann (er hat schon einige Dummies gesucht, gefunden und ordnungsgemäß abgeliefert), kann man ihn mit dem „Suchen"-Pfiff, einer schnellen, stakkato-ähnlichen Pfifffolge, zur weiteren selbstständigen Dummy-Suche auffordern. Um zu verhindern, dass sich der Hund überwiegend optisch orientiert, anstatt mit der Nase zu suchen, wählt man gleich zu Beginn des Trainings ein Gelände mit relativ dichtem Bewuchs aus.

Ursprünglich für einen Einsatz im und am Wasser gezüchtet, sind Retriever selbstverständlich jederzeit bereit, das an Land Ge-

Der Toller, wie er leibt und lebt.

lernte exzellent auch im nassen Element auszuführen. Wenn dem Hund 'Standruhe am Wasser' und 'Schütteln erst nach Übergabe des Dummies an den Führer' ebenfalls zur Selbstverständlichkeit geworden sind, dann steht einer erfolgreichen Wasserarbeit nichts mehr im Wege.

Aber bis dahin ist es nicht selten ein weiter und übungsintensiver Weg. Denn ruhig und gelassen am Ufer abzuwarten, bis das Kommando des Führers das Starten ins Wasser erlaubt (noch dazu unter Anblick eines auf das Wasser klatschenden Dummies), ist für unsere wassernärrischen Apportierhunde eine sehr große und nicht zu unterschätzende Gehorsamsleistung.

Auch beim Toller sollte man etwas Nachsicht üben, denn eigentlich gehört zu seinem Wassereinsatz auch das 'Tolling'. Nach Aufforderung unverzüglich und ohne erregtes Auf- und Abstürmen ins Wasser zu gehen, ist für einen Toller keine Selbstverständlichkeit. Seine Ausbildung muss deswegen sehr behutsam erfolgen und wird erfahrungsgemäß etwas mehr Zeit in Anspruch nehmen als die der anderen Retrieverrassen.

Nach konsequentem und geduldigem Üben werden die Retriever schließlich sogar mit stärkeren Strömungen und hohem Wel-

Die Standruhe ist unbedingte Voraussetzung für ein erfolgreiches Apportiertraining: Golden-Rüde „Konscho vom Wölflesbühl" (Züchter: Fam. Busduga) mit seinem Besitzer Georg Miller.

Die Apportierfreude ist eine der hervorragendsten Anlagen der Retriever.

lengang zurechtkommen und sie werden sich selbst von steilen oder schlammigen Uferböschungen nicht vom Arbeiten im Wasser abbringen lassen. Denn das Wasser ist ihr eigentliches Element!

Einige Tests und Prüfungen für Retriever

Beim Training gezielt auf eine Prüfung hinzuarbeiten, wirkt zweifellos sehr anspornend. Dennoch darf das Arbeiten mit einem Retriever niemals verbissen oder mit übertriebenem sportlichen Ehrgeiz erfolgen. Nur wenn die Freude am gemeinsamen Arbeiten die Oberhand behalten kann, werden Herr und Hund zu Höchstleistungen fähig sein.

Wesenstest (WT)

Nach Erreichen der Geschlechtsreife können Sie die Wesensveranlagung Ihres Retrievers anhand eines Wesenstests beurteilen lassen. Wesensrichter der verschiedenen Retrieververeine begutachten dabei das Verhalten des Hundes seinem Führer (bzw. seiner Familie), fremden Menschen und beim Golden Retriever auch Art-

Nach erfolgreicher Suche in tiefem Schilfwasser kommt der Retriever mit dem Dummy im Fang zügig zu seinem Führer zurück.

genossen gegenüber. Außerdem werden die Reaktionen des Hundes auf unterschiedliche optische und akustische Reize sowie sein Verhalten gegenüber Schussgeräuschen getestet.

Ein bestandener Wesenstest ist bei den meisten Retrieverrassen Voraussetzung für eine Zuchtzulassung. Zuchtausschließende charakterliche Fehler sind: Unsicherheit, Ängstlichkeit, Schreckhaftigkeit, übermäßige Scheue, unerwünschte Schärfe, Nervosität und Schussscheue.

Die Notwendigkeit von Wesensüberprüfungen ist unbestritten, denn nur durch kritische Beobachtung seines Verhaltens kann festgestellt werden, ob und in welchem Ausmaß ein Hund die für seine Rasse typischen Merkmale aufweist. Werden genügend Welpen beurteilt, sind zum Beispiel auch Aussagen über Merkmalsausprägungen innerhalb bestimmter Zuchtlinien möglich.

Nicht unumstritten und deshalb Gegenstand zahlreicher Diskussionen sind allerdings die z. T. recht realitätsfremden Testsituationen in diesen Wesenstests und die ungenügenden Beurteilungsmöglichkeiten der Hunde anhand der den Wesensrichtern zur Verfügung stehenden Protokollbögen. Seit Kurzem liegen nun Neufassungen der Durchführungsordnungen vor, welche die Voraussetzung für positive Veränderungen von Testsituationen und Beurteilungskriterien schaffen sollen.

Anlagenprüfung für Retriever (AP/R)
Ziel dieser Prüfung ist es, die natürlichen Anlagen eines Retrievers insbesondere im Hinblick auf seine jagdlichen Eigenschaften und seine Verwendung als Zuchttier festzustellen und zu bewerten. Beurteilt werden u. a. Arbeitsfreude, Führigkeit, Bringwille und Wasserfreudigkeit sowie Nasengebrauch und Standruhe. Außerdem wird die Schussfestigkeit des Hundes überprüft. Das Prüfungsalter liegt zwischen neun und 24 Monate.

Begleithundeprüfung (BHP A und BHP B)
In dieser Prüfung soll der Retriever zeigen, dass er den Grundgehorsam beherrscht. Auf dem Übungsplatz oder in freiem Gelände werden Leinenführigkeit, Freifolgen, Herankommen, Ablegen sowie Apportieren und Schussfestigkeit geprüft (Teil A). Zusätzlich wird auf öffentlichen Straßen und Plätzen das Verhalten des Hundes gegenüber Fußgängern, Radfahrern und anderen Tieren sowie seine Reaktionen gegenüber starken Geräuschen (z. B. vorbeifahrenden Zügen und LKW) getestet (Teil B). Das Mindestalter bei dieser Prüfung beträgt zehn Monate.

Dummyprüfung für Retriever (DP/R)
Das Ziel der Prüfung ist es, die Arbeitsweise des Retrievers beim Apportieren von Dummies sowie seine allgemeine Wesensfestigkeit zu beurteilen. Die Prüfung wird in drei Leistungskategorien untergliedert: Anfänger-, Fortgeschrittenen- und Offene bzw. Sieger-Klasse. Prüfungsfächer sind z. B. Einzel- bzw. Doppel-Markierung an Land und im Wasser, Freie Verlorensuche und Einweisen.

Zwei sehr anspruchsvolle Dummy-Arbeits-Meisterschaften sind der alljährlich veranstaltete **German Retriever Cup** und das **Champions-Meeting für Retriever**, das in zweijährigem Turnus stattfindet. Aber auch für weniger erfahrene Retriever und ihre Führer gibt es eine Meisterschaft, die sogenannte **Newcomer Trophy**. Meist im Rahmen der oben genannten Dummy-Meisterschaften abgehalten, bekommen die Gespanne dabei die einmalige Chance, in entsprechender Atmosphäre Prüfungsluft zu schnuppern.

Workingtest

Der Workingtest ist eine Apportierprüfung mit Dummies bzw. mit kaltem Wild, die in Anlehnung an die Regeln der oben genannten Dummyprüfung abgehalten wird. Da in diesem Test die jagdliche Einsatzfähigkeit des Retrievers beurteilt werden soll, sind die Aufgabenstellungen stark an der Jagdpraxis orientiert.

Bringleistungsprüfung (BLP), Retrievergebrauchsprüfung (RGP) – früher bekannt unter der Bezeichnung Jagdgebrauchsprüfung für Retriever (JGP/R) – **und Dr. Heräus-Prüfung**

Diese Prüfungen sind Leistungsprüfungen, deren Bestehen auf Ausstellungen zur Meldung in der Gebrauchshundeklasse berechtigt. Prüfungsfächer der **BLP** sind Haar- und Federwildschleppen, Einweisen, Freie Verlorensuche (auf Waldgelände und in tiefem Schilfwasser) sowie Verlorenbringen aus einem tiefen Gewässer (in Verbindung mit einem Schrotschuss auf das Wasser).

Bei der **RGP** werden zusätzlich zu den Fächern der BLP Buschieren, Riemen- bzw. Schweißarbeit und 'Stöbern ohne Ente' geprüft.

Die Prüfung mit dem höchsten Schwierigkeitsgrad ist die Dr. Heräus-Prüfung. Voraussetzung zur Teilnahme ist eine bestandene BLP oder RGP. Ob ein Retriever die hohen Anforderungen dieser Prüfung an Lenkbarkeit, Spurwilligkeit und Apportierfähigkeit erfüllt, kann er z. B. beim Einweisen über ein Gewässer auf eine Schleppspur am anderen Ufer unter Beweis stellen.

Die Meldung zu einer RGP bzw. Dr. Heräus-Prüfung ist nur unter Vorlage eines gültigen Jagdscheines möglich.

Retriever als Sporthunde?

Eine gehörige Portion Temperament, große Bewegungs- und enorme Spielfreude dazu ein begeisterter Lern- und Arbeitswille und eine gute körperliche Konstitution, das sind die Grundvoraussetzungen, die ein Hund mitbringen muss, damit ihm eine (leistungs)sportliche Beschäftigung mit seinem Besitzer Spaß macht.

Gesunde Retriever erfüllen alle diese Voraussetzungen. Weshalb sollten sie nicht auch an Bewegungssportarten wie z. B. Turniersport, Agility oder Flyball teilnehmen? Freude haben sicher alle Retrieverrassen an derartigen Beschäftigungen. Weshalb sieht man sie trotzdem so selten auf einem Parcours?

Zum einen liegt das sicher daran, dass gerade diejenigen Rassen unter den Retrievern, die sich am ehesten dafür eignen würden (vor allem Toller, aber auch Flat und Curly), in Deutschland relativ selten gehalten werden. Die stark verbreiteten Retrieverrassen Golden und Labrador andererseits sind – ähnlich den Chessies – wegen ihrer kompakten Statur nur bedingt für solche Sportarten geeignet.

Dass es durchaus auch unter diesen Retrieverrassen Hunde gibt, die wie der Labrador-Rüde Prince Paco aus dem Lauterbachtal erstklassige Leistungen sogar bei wettkampfmäßigen Turnieren mit internationaler Besetzung auf dem Agility-Parcours bringen können, soll hier freilich nicht unterschlagen werden.

Um erfolgreich an derartigen Sportveranstaltungen, bei denen es neben ihrer Geschicklichkeit in hohem Maße auch auf die Schnelligkeit ihrer Bewegungen ankommt, teilnehmen zu können, müssen aber gerade Labrador und Golden Retriever extrem schlank gehalten werden. Sie kommen dann häufig dem Erscheinungsbild eines reinen Field-Trial Hundes sehr nahe.

Sowohl der Turnierhundesport als auch Flyball und vor allem Agility beinhalten zahlreiche, sehr anspruchsvolle und für Retriever und ihre Menschen bestens geeignete Ausbildungs- und Arbeitselemente. Als ausgesprochen lernbegeisterte Hunde, die zudem gewillt und in der Lage sind, aufs Engste mit ihrem Führer zusammenzuarbeiten, können gerade Retriever viel Freude auf einem Geräteparcours haben und die gestellten Aufgaben rasch und erfolgreich meistern.

Beobachten Sie die Hunde einmal selbst auf einem Sportparcours. Ganz sicher sind auch Sie fasziniert von der überschäumenden Begeisterung, mit der die Tiere daran gehen, die einzelnen Hindernisse zu bewältigen. Ihr 'Will to please' erleichtert den Retrievern die Verständigung mit ihrem Menschen. Das ist ein Vorteil, wenn es wie beim Agility darum geht, die in ihrer Abfolge ständig variierenden Hindernisse z. B. auf richtungsweisende

Ruhig abzuwarten, während andere Hunde arbeiten dürfen, dass muss gelernt sein.

Handzeichen hin zu nehmen. Ein Retriever, der in einer partnerschaftlichen und auf starker innerer Bindung zu seinem Menschen beruhenden Beziehung lebt, wird auch vor einem Laufsteg oder einer Wippe nicht zurückschrecken. Im Vertrauen auf seinen Führer kann er Unsicherheiten oder Ängste schneller überwinden und offener auf Neues und Ungewohntes zugehen.

Übrigens wird auf dem Geräteparcours auch die geistige Leistungsfähigkeit der Hunde immer wieder gefordert, so z. B. wenn es wie beim Flyball gilt, den komplexen Zusammenhang zwischen einem Hebeldruck und dem dadurch aus einer Apparatur herausgeschleuderten und zu apportierenden Tennisball zu erkennen.

Gerade beim Hundesport können wir unseren Vierbeinern also vielfältige, neue Umwelterfahrungen und abwechslungsreiche Beschäftigungen bieten.

Aus all diesen Gründen würde ich die genannten sportlichen Freizeitaktivitäten auch Ihnen und Ihrem Retriever gerne uneingeschränkt und rückhaltlos empfehlen. Da wir Menschen aber leider immer die Tendenz zeigen, jede Beschäftigung (nicht nur die mit unseren Hunden) auch gleich zum Wettkampf ausarten zu lassen, und meist nicht in der Lage sind, einfach aus „Spaß an der Freude“ an eine Sache heranzugehen, kann ich es leider nicht.

Selbst dann, wenn alle Hunde sehr behutsam an die einzelnen Hindernisse herangeführt werden, um sie weder psychisch noch physisch zu überfordern, gibt es gerade bei wettkampfmäßig betriebenen Sportarten (trotz Aufbautraining der Muskulatur) erhebliche Belastungen z. B. der Wirbelsäule, der Gelenke und der Bänder der Tiere. Mit Sicherheit weisen derart belastete Retriever eher 'Abnutzungserscheinungen' auf als weniger hart trainierte Hunde.

Alle Retrieverrassen sind in der Lage, äußerst ausdauernd, kraftvoll, schnell und zuverlässig für ihre Menschen zu arbeiten. Ist es aber wirklich nötig, sie unter enormem Zeitdruck wie Hochleistungssportler über zahlreiche Hürden und engste Slalomstrecken zu schicken?

Für den einen oder anderen Retriever mag der wettkampfmäßige Hundesport vielleicht das Richtige sein, für die Mehrzahl würde ich ihn jedoch nicht empfehlen. Als Bewegungssport 'just for fun' eignen sich dagegen sowohl Agility als auch Flyball und Turniersport für alle Retrieverrassen sehr gut.

Es gibt inzwischen auch Freizeitbeschäftigungen für Hunde, bei denen weder dem Vierbeiner noch dem Halter körperliche Höchstleistungen abverlangt werden: **Mobility** und **Obedience**.

Anders als z. B. in der Schweiz und in angelsächsischen Ländern, in denen diese Unternehmungen mit dem Hund derzeit einen Boom erleben, konnten sich in Deutschland bislang weder die 'Kleine Tochter des Agility' (Mobility) noch die 'Hohe Schule des Gehorsams' (Obedience) durchsetzen. Da aber selbst unter den Retrieverhaltern eine große Nachfrage nach derartigen Beschäftigungsmöglichkeiten mit ihren Hunden besteht, ist zu hoffen, dass sich bald auch bei uns genügend 'Freiwillige' zusammenfinden und derartige Trainingsangebote aus der Taufe heben.

Wie beim Agility besteht der Parcours auch beim Mobility aus Tisch, Reifen, Tunnel, Schrägwand, Laufsteg usw. Zusätzlich muss der Hund verschiedene andere Hindernisse wie Gitterroste, Planen, Leitern, Fassbrücken u. Ä. überwinden. Außerdem werden zahlreiche Gehorsams- und Apportierübungen durchgeführt sowie das theoretische Wissen des Hundeführers hinterfragt. Der entscheidende Unterschied zu Agility ist, dass es beim Mobility nicht um Sieg oder Niederlage, sondern allein ums Mitmachen geht. Obwohl auch hier Genauigkeit bei der Ausführung angestrebt wird, geht es dennoch wesentlich geruhsamer zu als bei einer wettkampfmäßig ausgerichteten Agility-Veranstaltung.

Zum Schluss noch ein Wort zur 'Hohen Schule des Gehorsams', der sogar wettbewerbsmäßig betriebenen und in verschiedene Schwierigkeitsklassen untergliederten Obedience. Es handelt sich dabei um ein Training ohne psychischen oder physischen Druck, bei dem der Hund auf Sicht- und/oder Hörzeichen seines Führers unterschiedliche Gehorsamsübungen, auch auf größere Entfernungen ausführt. Vergleichbar mit dem Begleithundetraining lernt der Vierbeiner z. B. Leinenführigkeit und die Kommandos „Sitz", „Platz" und „Steh". Zusätzlich wird das Arbeiten in einer Hunde- und Menschengruppe geübt, so beispielsweise beim Einstudieren verschiedener Formationsdarbietungen mehrerer Führer-Hund-Gespanne. Außerdem sind zahlreiche Apportierübungen, meist über oder zwischen Hindernissen hindurch und über große Entfernungen hinweg im Trainingsplan enthalten. Hierbei lernt der Hund ähnlich wie bei einem Dummytraining, richtungsweisende Kommandos seines Führers zu befolgen oder selbstständig z. B. nach einem, von seinem Menschen berührten Gegenstand zu suchen oder diesen aus verschiedenen anderen Utensilien herauszufinden und seinem Führer zu bringen.

Wie unschwer zu erkennen ist, sind derartige Aufgabenstellungen und Anforderungen gerade für die lern- und apportierfreudigen Retriever sehr gut geeignet. Ohne sich körperlich allzu stark verausgaben zu müssen, können Herr und Hund dabei ihre Konzentrationsfähigkeit trainieren, ihr Zusammenspiel intensivieren und die gegenseitige Bindung stärken. Zudem bleibt der Ansporn, sich in einer der nächstschwierigeren und noch anspruchsvolleren Obedience-Klassen zu versuchen.

Also, wäre das nicht auch etwas für Sie und Ihren Retriever?

Auf Ausstellungen

Insbesondere dann, wenn Sie mit Ihrem Retriever züchten wollen, werden Sie auch Hundeausstellungen besuchen. Denn nur Ausstellungsrichter (Spezial-Zuchtrichter für Retriever) dürfen in

Der Curly Coated Retriever:
In Deutschland ist er eine Raritä

Erst durch vielseitige gemeinsame Aktivitäten werden wir unseren Retrievern gerecht.

sogenannten Formwertbeurteilungen die Zuchttauglichkeit Ihres Hundes bescheinigen (Mindestalter: zwölf Monate). Der dabei erzielte **Formwert** setzt sich aus drei Einzelnoten für 'Kopf', 'Gangwerk' und 'Gesamterscheinung' des Retrievers zusammen (Bewertungen siehe unten).

Speziell für Neulinge werden als **Pfostenschauen** bezeichnete Ausstellungen veranstaltet (Termine finden Sie in den Clubzeitschriften der Retrieververeine). Ihnen angegliedert ist häufig ein Ringtraining, in dem korrektes Trimmen und richtige Präsentation des Hundes unter Anleitung eingeübt werden können. Dort erfahren Sie auch Wissenswertes über das Kommando „Steh" und den Gebrauch einer Vorführleine.

Nach der Methode der positiven Handlungsverstärkung (Kommando „Steh" und Lob, wenn der Hund zufällig steht) können Sie auch dieses Kommando bereits mit dem Welpen einüben. Wenn Sie Ihrem Retriever zusätzlich noch einen Leckerbissen anbieten, den er in stehender Haltung aus Ihrer Hand knabbern darf, während Sie ihn mit der anderen Hand in der Flanke kraulen, dann wird er rasch begreifen, was er für Sie tun soll.

Ihr erwachsener Hund sollte solche Hilfsmittel im Ring natürlich nicht mehr nötig haben, denn: „Minimum handling is best!" Lediglich beim Golden Retriever ist es üblich, beim 'Stellen' vor dem Ausstellungsrichter, Kinn und Rute des Hundes etwas mit den Fingerspitzen zu stützen.

In Spezialzuchtschauen sowie in nationalen und internationalen Rassehundezuchtschauen geht es dann um das Erringen von Arbeits- und Schönheitstiteln, so zum Beispiel um die begehrten Zertifikate: Internationaler Arbeitschampion (CACIT), Nationaler Arbeitschampion (CACT), Internationaler Schönheitschampion (CACIB), Nationaler Schönheitschampion (CAC) oder Deutscher Champion VDH (VDH-CH.). Spezialzuchtschauen werden von den Retrieververeinen meistens im Rahmen von Rassehundeausstellungen durchgeführt. Nationale Rassehundezuchtschauen werden in Deutschland vom VDH organisiert, internationale Zuchtschauen weltweit von der FCI.

Damit der Retriever an einer Ausstellung teilnehmen kann, müssen seine von der FCI anerkannte Ahnentafel, der Nachweis der jährlichen Tollwut-Schutzimpfung und ein ordnungsgemäß ausgefülltes Meldeformular vorgelegt werden. Abhängig von Alter, Einsatzgebiet und errungenen Ausstellungstiteln darf in unterschiedlichen Klassen gestartet werden: Jüngstenklasse (6. bis 9. Monat), Jugendklasse (9. bis 18. Monat), offene Klasse (ab 15. Monat) und Veteranenklasse (ab 8 Jahren). In der Gebrauchshundeklasse können Retriever gemeldet werden, die eine Leistungsprüfung (z. B. BLP, RGP) oder beispielsweise eine Rettungshunde-Ausbildung vorweisen können und mindestens 15 Monate alt sind. In der Sieger- und der Ehrenklasse schließlich starten bereits prämierte Hunde.

Unabhängig von Titeln oder Plazierungen erhält jeder ausgestellte Retriever eine schriftliche Begutachtung sowie eine Formwertnote. In der Jüngstenklasse werden vergeben: vielversprechend (vv), versprechend (v) oder wenig versprechend (wv). In allen anderen Klassen kann die Formwertnote lauten: vorzüglich (v), sehr gut (sg), gut (g), genügend (gg) oder nicht genügend (ngg).

Aktivität im Seniorenalter

Bereits im Alter von acht Jahren beginnt die Vitalität Ihres Retrievers nachzulassen. Seine Sehkraft nimmt ab, er bekommt graue Haare um die Schnauze und er ist nicht mehr so temperamentvoll wie früher. Er kann allmählich nicht mehr so ausdauernd mit Ihnen wandern und Sie am Fahrrad begleiten. Sein Bewegungsdrang wird geringer und sein Ruhebedürfnis nimmt zu. Dem müssen sie Rechnung tragen, indem Sie seine Ernährung umstellen (siehe unten) und Ihre Unternehmungen an seine Leistungsfähigkeit anpassen. Ihr alter Hund darf sich nicht mehr so stark verausgaben, insbesondere deswegen, weil die Belastbarkeit seines Herz- und Kreislaufsystems geringer geworden ist. Machen Sie deshalb anstelle der zwei langen, täglich mehrere kurze Spaziergänge mit ihm.

Was ihm bei entsprechender Förderung aber bis ins hohe Alter erhalten bleiben wird, sind sein Lerneifer und seine Freude am Arbeiten. Sehr zu begrüßen wären deshalb Übungsangebote speziell für Hundesenioren, die nicht mehr auf die Schnelligkeit und Belastbarkeit sondern auf den Erfahrungsschatz der alten Hunde

Mehr noch als sonst gilt es jetzt, liebevolle Rücksichtnahme zu zeigen.

ausgerichtet sind. Ein richtiger und schöner Ansatz sind die von einigen Retrieverausbildern ins Leben gerufenen Übungsveranstaltungen mit Titeln wie 'work with fun' oder 'happy hour'. Das Programm solcher Kurse reicht von zahlreichen Varianten der Unterordnung (z. B. Kommandos lediglich durch Körpersprache vermittelt, ähnlich der erwähnten Obedience), über ein abwechslungsreiches und unkonventionelles Apportiertraining bis hin zu auftrittsreifen Formationsdarbietungen der Mensch-Hund-Gespanne (wie gelegentlich beim Turniersport zu beobachten). Ich würde mir wünschen, dass derartige Veranstaltungen eines Tages einmal landesweit und auch exklusiv für die Senioren unter den Retrievern angeboten werden.

Ideal für den alten Hund ist auch das Spielen mit seinem Menschenrudel. Wie Sie wissen, steigert Spielen das physische Wohlbefinden und es fördert die geistige Kondition – nicht nur beim Hund! Also entwickeln Sie die unterschiedlichsten Spiele, die Sie und Ihre Familie zusammen mit Ihrem alten Retriever durchführen können. Wie wäre es zum Beispiel mit Suchspielen? Fordern Sie ihn heraus und Sie werden erstaunt sein, wozu Ihr Vierbeiner fähig ist.

Die Aktivitäten mit dem Retriever können, wie Sie nun erfahren haben, ein weites Feld umfassen und sehr vielgestaltig sein. Für welche Schwerpunkte auch immer Sie sich zusammen mit Ihrem Vierbeiner entscheiden, Eines ist sicher: Ein derart geforderter, geförderter und beschäftigter Retriever wird ein ausgeglichener und zufriedener Hund sein, dem seine rassetypischen Anlagen und Fähigkeiten bis ins hohe Alter erhalten bleiben werden. Und er wird, sofern Sie keine allzu großen Fehler bei seiner (Früh-) Erziehung gemacht haben, eine äußerst enge und vertrauensvolle Bindung zu Ihnen entwickelt haben, aus der heraus er die geltenden Spielregeln wie selbstverständlich einhält. **Genießen Sie diese wundervolle Lebensgemeinschaft!**

Die Gesundheit des Retrievers

Seine Ernährung

Wie seine wild lebenden Verwandten braucht auch der Haushund neben Fleisch viel pflanzliche Kost. In welchem Mischungsverhältnis beide Komponenten gefüttert werden müssen, hängt entscheidend vom Alter des Hundes und von seiner körperlichen Belastung ab. Gleiches gilt für seine Versorgung mit Vitaminen, Mineralstoffen und Spurenelementen. Daher ist es nur mit etwas ernährungsphysiologischem Grundwissen möglich, den Nährstoffbedarf des Retrievers auch mit selbst zubereitetem Futter optimal zu decken. Eine gute Alternative bieten hochwertige Fertigfutter, die im Hundefachhandel und in Zoofachgeschäften angeboten werden. Dort finden Sie ein reichhaltiges Sortiment von Futtermitteln auch für Welpen, körperlich sehr aktive oder alte, kranke und zu korpulente Hunde.

Fertigfutter

Bei industriell gefertigtem Hundefutter kann man drei Gruppen unterscheiden: **Beifutter**, zu dem unter anderem Hundekuchen und Kauknochen zählen. Beide sind für die Zahngesundheit des Retrievers sowie zur Befriedigung seines Nagetriebes sehr wichtig, müssen aber wie alle Leckereien in die tägliche Futtermenge mit eingerechnet werden. Weiter gibt es sogenannte **Ergänzungsfut-**

termittel, denen noch Fleisch beziehungsweise Getreide-Gemüse-Flocken zugesetzt werden müssen. Wie der Hausmannskost sollten auch diesen Mahlzeiten ausreichend Vitamine und Mineralstoffe hinzugefügt werden. Fragen Sie Ihren Tierarzt nach geeigneten Präparaten (siehe auch: Bedeutung von Kalzium bei der Ausprägung von Gelenkerkrankungen, S. 203). **Alleinfuttermittel** schließlich bedürfen keiner Ergänzung – ja, ein Zusatz wäre sogar schädlich für den Hund. Denn ein Überangebot an Mineralstoffen (z. B. Kalzium) oder Vitaminen, insbesondere den beiden fettlöslichen Vitaminen A und D, ist ebenso ungesund wie eine Unterversorgung. Entsprechend ihres Wassergehaltes werden Alleinfuttermittel in Feucht-, Halbfeucht- und Trockenfutterprodukte untergliedert.

Wasser

Frisches Trinkwasser muss dem Hund jederzeit zur Verfügung stehen. Da insbesondere Trockennahrung einen äußerst geringen Wassergehalt aufweist, muss gerade bei Gabe solcher Futtermittel auf ausreichende Wasserzufuhr geachtet werden. Bei Welpen und alten Hunden empfiehlt es sich ohnehin, Trockenfutter zunächst kräftig in lauwarmem Wasser oder in Fleischbrühe einzuweichen.

Selbst zubereitetes Futter

Alle industriell produzierten Futtermittel enthalten Futter-Zusatzstoffe unterschiedlicher Konzentrationen. Dazu zählen Vitamine, Mineralstoffe, Spurenelemente und Konservierungsmittel wie Ascorbinsäure (= Vitamin C), aber auch andere Stoffe zur Haltbarmachung wie z. B. das umstrittene Antioxidans Ethoxiquin.

Weiter können Fertigfuttermittel Geruchs-, Geschmacks- und Farbstoffe sowie Verdickungs- und Geliermittel enthalten. Wollen Sie solche Zusatzstoffe in der Retrieverernährung vermeiden oder deren Verwendung stark einschränken, müssen Sie Fertigfutter wählen, in denen auf derartige Zusatzstoffe verzichtet wird, oder das Futter aus einzelnen Lebensmitteln wie beispielsweise Fleisch, Getreide und Gemüse selbst zusammenstellen.

Wie schon erwähnt, benötigt man für eine ausgewogene Hundemahlzeit nach Eigenrezept auch Vitamine, Mineralstoffe und Spurenelemente. Besonders geeignet sind fertig gemischte

Hier lernen die kleinen Retriever-Welpen, ohne Futterneid gemeinsam zu fressen.

'mineralstoffreiche Ergänzungspräparate' bzw. 'vitaminisierte Mineralfutter' (im Hundefachhandel und beim Tierarzt erhältlich). Diese Präparate sollten in der Hauptkomponente Kalzium enthalten, aber (nahezu) frei von Phosphor sein. Der Grund ist folgender: Fleisch, Schlachtabfälle, Innereien und Getreideprodukte weisen einen sehr hohen Gehalt an Phosphor auf, nicht aber an Kalzium. Ein Kalzium-Phosphor-Verhältnis von ungefähr 1,5:1 in der Nahrung ist aber für die Gesunderhaltung des Retrievers unbedingt notwendig. Um den hohen Phosphorgehalt des selbst zubereiteten Futters zu kompensieren, muss deshalb regelmäßig Kalzium verabreicht werden. Zur Sicherstellung der Natriumversorgung empfiehlt es sich, dem Futter auch einige Prisen Kochsalz zuzufügen.

Wie bereits erwähnt, ist das Mischungsverhältnis von eiweiß- und kohlenhydrathaltigen Nahrungsmitteln insbesondere vom Alter und vom Aktivitätsgrad des Hundes abhängig. Welpen benötigen z. B. ein Eiweiß-Kohlenhydrat-Verhältnis von 2:1 und erwachsene, normal belastete Retriever von 1:1 bis 1:2. Auch auf die Verdaulichkeit des Eiweißes kommt es an: So sollte man Welpen, tragenden bzw. säugenden Hündinnen sowie körperlich stark ge-

Eiweißstoffe und Fettlieferanten	Kohlenhydrat- und Ballaststoff-lieferanten	Vitamine, Mineral-stoffe und Spuren-elemente
• Rind- und Geflügelfleisch • Schlachtabfälle, Innereien (außer Gehirn) • entgräteter und gegarter Fisch • Milchprodukte, gekochtes Ei • Fette, Öle	• Haferflocken • eingeweichtes Getreideschrot • ungeschälter, gegarter Reis • in Fett/Öl gegarte Karotten • hart getrocknetes Vollkornbrot o. Ä.	• vitaminisiertes Mineralfutter bzw. mineralstoffreiches Ergänzungspräparat

Tabelle 6: Nahrungsmittel, die sich für die 'Hunde-Hausmannskost' eignen

forderten und alten Tieren häufig qualitativ hochwertiges Eiweiß wie z. B. Hühnerei, Fisch oder Geflügelfleisch anbieten.

Darauf müssen Sie achten:

- Ihr Retriever wird Rind- und Gefügelfleisch mit Genuss auch roh verzehren. Erhitzen des Fleisches (mindestens 5 Minuten auf 98 °C) bietet aber einen sicheren Schutz vor Salmonelleninfektionen und Parasitenübertragung (z. B. Bandwürmer).
- Auf keinen Fall dürfen Sie Schweinefleisch in rohem Zustand verfüttern. Der Grund dafür ist die Infektionsgefahr mit bestimmten Viren, die in rohem Schweinefleisch vorhanden sein können und beim Hund die stets tödlich verlaufende Aujeszky'sche Krankheit oder Pseudowut auslösen.
- Was Sie ebenfalls nicht roh geben sollten, ist Eiklar. Es enthält für den Hund schädliche Eiweiße (Biotin-bindendes und seine Resorption verminderndes Avidin) sowie Enzymhemmstoffe (Trypsininhibitoren), die nur durch Kochen inaktiviert werden. Ein bis zwei gekochte Hühnereier pro Woche und mit Schale verfüttert sind für die Nährstoffversorgung des Retrievers dagegen ideal.
- Füttern Sie Ihrem Hund bitte auch keine Süßigkeiten, keine stark gewürzten Essensreste oder leicht splitternde Knochen.

Menü-Vorschlag	Eiweißreiche Nahrungsmittel	Kohlenhydratreiche Nahrungsmittel	Öl	Vitaminisiertes Mineralfutter (mit ca. 30% Kalziumgehalt)	Salz
1	Kopffleisch 40%	Haferflocken oder ungeschälter Reis 42% und in Öl gegarte Karotten 15,5%	–	2%	0,5%
2	Kopffleisch 46,5%	Getreide-Gemüse-Flocken oder eingeweichtes Getreideschrot 50%	1%	2%	0,5%
3	Pansen 40% Joghurt 10%	Haferflocken oder Getreide-Gemüse-Flocken 46,5%	1%	2%	0,5%

Tabelle 7: Beispiele für Futtermischungen für einen erwachsenen Retriever

- Wegen der geringen Verdaulichkeit des Milchzuckers beim erwachsenen Hund ist von der Verfütterung von Kuhmilch abzuraten. Besser geeignet sind Sauermilchprodukte und Quark.
- Das Futter darf auf keinen Fall zu kalt angeboten werden. Es muss Raumtemperatur haben. Was der Welpe nach ungefähr 15, der erwachsene Retriever nach ungefähr zehn Minuten nicht verzehrt hat, sollten Sie wegnehmen.

Von Nova Scotia Duck Tolling Retrievern wird berichtet, dass sie nach dem Fressen einer kleinen Menge ihres Futters einige Runden um den Napf drehen, bevor sie die nächsten Brocken zu sich nehmen, um danach gleich wieder einige Schritte zu gehen. Zeigt auch ihr Toller dieses Verhaltensmuster, dann sollten Sie das Futter entsprechend länger stehen lassen.

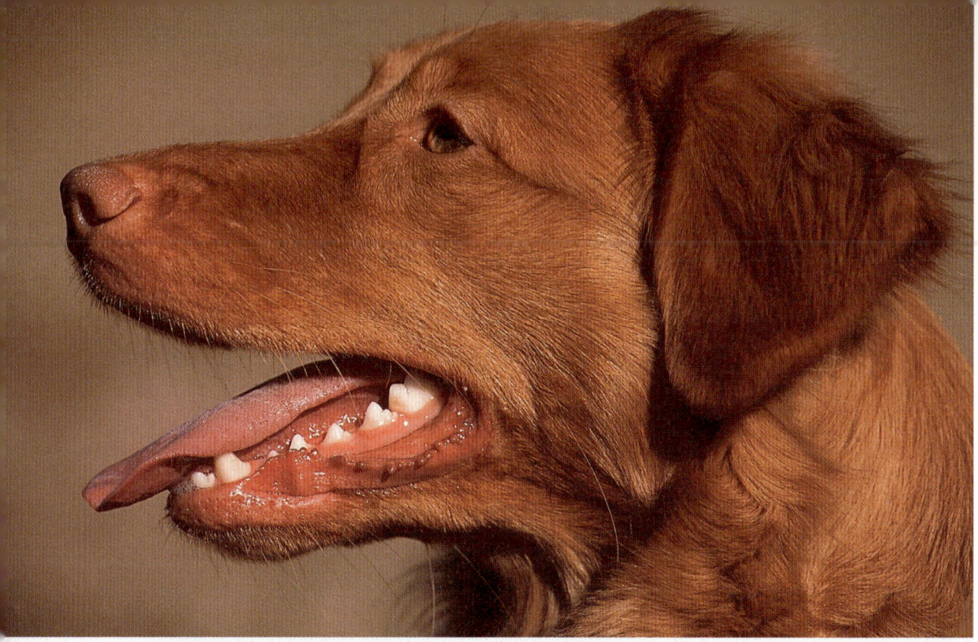

Verständnis für die spezifischen Eigenschaften und Bedürfnisse der verschiedenen Retrieverrassen sind Bedingung für ein harmonisches Miteinander.

- Da selbst zubereitetes Futter keine Konservierungsstoffe enthält, können sich darin z. B. Bakterien wesentlich rascher vermehren als in industriell gefertigten Nahrungsmitteln. Deshalb dürfen Sie solche Futterreste auf keinen Fall bei der nächsten Fütterung noch einmal anbieten. Auch bei eingeweichtem Trockenfutter sollten Sie Reste wegwerfen.
- Obwohl die Infektionsgefahr mit BSE (Bovine Spongioforme Enzephalopathie) über die Nahrungsaufnahme beim Hund noch nicht sicher nachgewiesen ist, sollten Sie dennoch sicherheitshalber die Herkunft des verwendeten Rindfleisches hinterfragen (z. B. beim Metzger, Hundefutter-Fachhandel oder -Hersteller).
- Wenn Sie eine etwaige Futterumstellung sehr langsam und schrittweise durchführen, werden Magen-Darm-Probleme gar nicht erst auftreten.

Wie viele Mahlzeiten pro Tag?

Um die Verdauungsorgane des Retrievers nicht zu überlasten, empfiehlt es sich, ihm mehrmals am Tag Futter anzubieten und

Gerade beim Labrador Retriever ist die regelmäßige Kontrolle seines Körpergewichtes ausgesprochen wichtig.

ihn dabei an regelmäßige Fütterungszeiten zu gewöhnen. Im Alter von acht bis 16 Wochen sollte er viermal täglich eine Mahlzeit bekommen. Ab der 17. Lebenswoche bis zu einem Jahr kann er dreimal täglich gefüttert werden, danach zweimal täglich. Da die Leistungsfähigkeit des Magen-Darm-Traktes und der Nieren im Alter abnimmt, empfiehlt es sich, dem alten Hund wieder drei- bis viermal am Tag Futter zur Verfügung zu stellen.

Körpergewicht

Für die Gesunderhaltung Ihres Retrievers ist es sehr wichtig, dass er nicht korpulent wird. Auch als Welpe sollte er nicht allzu pummelig sein. Da Retriever insbesondere in den ersten sechs Lebensmonaten außerordentlich rasch wachsen, besteht bei Überfütterung und der daraus resultierenden Überbelastung von Knochen, Bändern, Sehnen und Gelenken die große Gefahr bleibender Schäden ihres Bewegungsapparates.

Damit Ihr erwachsener Retriever sein Idealgewicht behält, sollten Sie sich bei Verwendung von industriell gefertigtem Futter an die Dosierungsempfehlung für mittelgroße Rassen halten. Wenn

Alter in Wochen	Körpergewicht in Kilogramm HÜNDIN	 RÜDE
8	5– 6	6– 8
12	9–10	10–12
24	20–24	22–25
52	26 (28) – 30 (34)	32 (34) – 36 (49)

Tabelle 8: Körpergewichtsentwicklung bei Golden (Klammer) und Labrador Retrievern

Sie Ihren Hund mit selbst zubereitetem Futter ernähren wollen, können Sie die Faustregel: „15 bis 20 g Futter pro 1 kg Körpergewicht des Hundes" zur Bestimmung der täglichen Futtermenge anwenden.

Gerade beim Labrador Retriever ist die strenge Kontrolle seines Körpergewichtes äußerst wichtig. Denn Statistiken über die Anfälligkeit für Übergewicht beim Hund zeigen, dass der Labrador nicht nur unter den Retrievern sondern auch unter allen anderen untersuchten Hunderassen die 'Hitliste der übergewichtigen Hunde' anführt. Nicht umsonst heißt es: „Labs love to eat" oder wie es J. Coulson ausdrückt: „Ein schmelzender Blick aus feuchten Augen sichert ihnen unausweichlich den letzten Keks vom Teller".

Erscheint Ihnen Ihr Hund also zu wohlgenährt, reduzieren Sie zunächst seine tägliche Futterration ohne die prozentuale Zusammensetzung der Futterbestandteile zu verändern. Bei industriell gefertigten Alleinfuttermitteln verringern Sie ebenfalls die tägliche Futtermenge und entscheiden sich für ein Produkt mit reduziertem Fettanteil. Vergleichen Sie einmal die Nährwertangaben für Fette (für erwachsene Hunde von Retrievergröße) auf den Packungen und Sie werden überrascht sein, wie stark diese bei den verschiedenen Futtermittel-Herstellern voneinander abweichen!

Tips zum Umgang mit 'Unsitten':

- Lassen Sie Ihren Retriever nicht am Tisch betteln! Schicken Sie bereits den Welpen konsequent auf seinen Ruheplatz, bevor Sie sich zu Tisch begeben. Hat er sich während Ihrer Mahlzeit dort ruhig verhalten, loben sie ihn anschließend überschwänglich.

Für die als maßlos verfressen geltenden Retriever scheint es in der Tat eine große Gehorsamsleistung zu sein, dabei kein Futter einzufordern. Auch wenn Sie sonst stets darauf bedacht sind, dem 'Ich-habe-schon-ewig-nichts-mehr-gefressen-Blick' Ihres Retrievers zu widerstehen, jetzt hat er sich einen Belohnungshappen verdient.

- Verweigert Ihr Welpe wider Erwarten sein Futter, dann nehmen Sie den Napf wie gewohnt nach 15 Minuten weg und bieten ihm erst zum nächsten Fütterungstermin wieder Nahrung an. Es wäre ein Fehler, ihn fortwährend zum Futternapf zu locken oder ihm Leckerle zuzustecken, damit er ja nicht verhungert. Ihr Retriever könnte sich so daran gewöhnen, durch Futterverweigerung positive Zuwendung von Ihnen zu verlangen.

Hält die Nahrungsverweigerung jedoch länger als zwei Tage an und verhält sich der Welpe auch sonst nicht so, wie Sie es von ihm gewohnt sind, dann sollten Sie unbedingt Ihren Tierarzt konsultieren.

Pflege und Gesundheitsvorsorge

Ausreichend Bewegung, rassegemäße Beschäftigung, liebevolle Zuwendung und eine ausgewogene Ernährung sind die besten Voraussetzungen für die Gesunderhaltung des Retrievers. Viele Erkrankungen können zudem durch richtige Pflege und geeignete Vorsorgemaßnahmen vermieden werden.

Fellpflege

Tägliches Bürsten ist bei Retrievern nicht unbedingt erforderlich, fördert aber die Hautdurchblutung und sorgt zusammen mit einer ausgewogenen Ernährung für ein dichtes und gesundes Haarkleid. Außerdem können dabei kleine Plagegeister wie z. B. Zecken, Flöhe oder Läuse frühzeitig entdeckt und entfernt bzw. behandelt werden.

Exkurs: Hautparasiten

Kratzt sich Ihr Retriever ungewöhnlich häufig, dann durchkämmen Sie sein Fell gründlich mit einem Floh- bzw. Staubkamm.

Entdecken Sie insbesondere im Bereich der Kruppe winzige schwarze Krümel auf seiner Haut, könnte das ein Hinweis auf **Hundeflöhe** sein. Lassen sich diese Krümel mit etwas Wasser zu einer blutfarbenen Flüssigkeit zerreiben, dann handelt es sich um Flohkot. Die braunen, 1,5–5 mm großen Parasiten selbst werden Sie nur selten zu Gesicht bekommen, denn sie halten sich immer nur kurzzeitig zum Blutsaugen (das mit Kotabsetzen einhergeht) auf dem Hund auf.

Finden Sie dagegen weiße 'Schüppchen' am Fell des Hundes, könnten dies die Eier (Nissen) von **Hundeläusen** sein. Beim genauen Beobachten werden Sie dann auch die 1–2 mm großen Läuse entdecken. Zu unterscheiden sind die Hunde-Laus (Stechlaus) und der Hunde-Haarling (Beißlaus). Wie der Floh, saugt die Stechlaus das Blut des Hundes, während sich der Haarling von dessen Hautschuppen ernährt.

Wichtig ist in jedem Fall, den Befund vom Tierarzt abklären und den Hund gegebenenfalls behandeln zu lassen. Da sowohl Floh wie Haarling Zwischenwirte des auch auf den Menschen übertragbaren Kürbiskern-Bandwurmes (*Dipylidium caninum*) sind, ist bei Befall ratsam, mit dem Retriever eine Wurmkur durchzuführen.

Da sich Läuse im Fell des Hundes aufhalten, genügt das Schaumbaden mit insektentötenden Wirkstoffen, um den Vierbeiner von diesen Parasiten zu befreien. Ganz anders ist es, wenn der Retriever Flöhe eingeschleppt hat. Dann müssen Sie zudem seinen Schlafplatz und alle Räume, in denen sich Ihr Hund aufgehalten hat, gründlich behandeln. Zum Schutz auch Ihrer eigenen Gesundheit sollten Sie den ungebetenen Gästen aber nicht mit der chemischen Keule, also dem großräumigen Versprühen von Insektenvernichtungsmitteln, zu Leibe rücken, sondern alternative Methoden anwenden. Durch ausgiebiges Staubsaugen, am bestem mehrmals täglich und unter Einsatz einer Fugendüse, sowie durch häufiges Besprühen der neuralgischen Punkte (zu denen hochflorige Teppiche genauso gehören wie Fugen und Ritzen) mit einem feinen Wassernebel aus dem Blumensprüher, können Sie der Plage ebenfalls Herr werden. Natürlich erfordert diese regelmäßige Behandlung, die sich über ungefähr drei Wochen erstrecken sollte, erheblichen Muskeleinsatz und äußerste Konsequenz des Hundehalters, soll sie zum Erfolg führen.

Bei starkem Flohbefall und um den Plagegeistern auf lange Sicht den Garaus zu machen, können Sie Ihrem Retriever zusätzlich zu den oben genannten Maßnahmen die neu entwickelten sogenannten Chitin-Synthese-Hemmer in Tablettenform verabreichen. Die im Blut des so behandelten Hundes zirkulierenden Wirkstoffe werden von den saugenden Flöhen aufgenommen und an ihre Nachkommenschaft, also an die Flohlarven, weitergegeben. Um wachsen und sich zu geschlechtsreifen Flöhen entwickeln zu können, müssen sich die Larven mehrmals häuten, wobei sie ihre aus Chitin bestehende Außenhülle erneuern. Da das in ihrem Organismus befindliche Medikament aber den Aufbau von Chitin verhindert, wird der Entwicklungszyklus der Flohpopulation hier unterbrochen.

Die adulten (erwachsenen) Flöhe werden von dieser Behandlung allerdings nicht erfasst. Deshalb sollte das Fell des Retrievers während der nächsten drei Wochen (der Lebenserwartung eines erwachsenen Flohes) mehrmals täglich mit einem Flohkamm gründlich durchgekämmt werden. Die eventuell abgesammelten und zwischen den Zinken des Kammes eingeklemmten Flöhe müssen anschließend sehr sorgfältig in ein bereitstehendes Wassergefäß gegeben werden, damit diese sprunggewaltigen Tierchen nicht gleich wieder das Weite suchen.

Insbesondere während ihrer 'Hochsaison' im Frühjahr und im frühen Herbst werden nicht nur Hunde häufig von **Zecken** heimgesucht. Die bei Hund und Mensch am häufigsten anzutreffende Zeckenart ist der Gemeine Holzbock *(Ixodes ricinus)*. Die Entwicklung dieser Zeckenart verläuft über je ein Larven- und Nymphen-Stadium zum erwachsenen, geschlechtsreifen Tier (Adult-Stadium). Im Freien sind die verschiedenen Stadien an unterschiedlichen Orten zu finden. Larven halten sich bevorzugt im Gras bis 30 cm Höhe auf, Nymphen in Gräsern und Kräutern bis ungefähr 1 m Höhe und Adulte in Kräutern und Büschen bis ca. 1,5 m Höhe.

Mit Ausnahme der erwachsenen Männchen, die schwarz gefärbt und maximal 4 mm groß sind, sind die anderen Zecken auf eine Blutmahlzeit angewiesen. Obwohl die Larven (6-beinig) und Nymphen (8-beinig) meist nur kleine Tiere als Wirte nutzen, befallen sie wie die geschlechtsreifen Zecken (8-beinig) auch

Hunde und Menschen. Geruchssinneszellen an den Vorderbeinen machen es ihnen möglich, einen geeigneten Wirtsorganismus ausfindig zu machen, auf den sie sich fallen lassen können. Auf dem Wirt angelangt suchen sie sofort eine geeignete Hautstelle, in die sie ihre Mundwerkzeuge bohren können, um Blut zu saugen.

Die adulten männlichen Zecken lassen sich ebenfalls auf einem Wirtstier nieder, aber nicht um Blut aufzunehmen, sondern um sich mit einem dort wandernden oder saugenden erwachsenen Zecken-Weibchen, die man an der roten Färbung und dem schwarzen Kopfschild erkennt, zu paaren.

Besonders eindrucksvoll und wegen ihrer langen Verweildauer auf dem Hundekörper auch am gefährlichsten sind die adulten Zecken-Weibchen. Wenn sie nicht vollgesogen sind, sind sie nicht wesentlich größer als die erwachsenen Männchen. Mit Blut vollgesogen können sie aber eine Größe von bis zu 1,5 cm erreichen, bevor sie dann grünlich oder gräulich gefärbt und prall aufgetrieben wieder von ihrem Wirtsorganismus abfallen, um Eier abzulegen.

Um beim Saugen das Blut des Wirtes flüssig zu halten, geben Zecken Speichelsekret in die Stichstelle ab. Dabei können sie auch Krankheitserreger auf Mensch und Hund übertragen, so z. B. Bakterien (*Spirochaeten*) der Gattung *Borrelia burgdorferi*, die Auslöser der Lyme-Borreliose, oder FSME-Viren, die Erreger einer spezifischen Form der Hirnhautentzündung (**F**rüh-**S**ommer-**M**eningo-**E**nzephalitis).

Während Hunde nur selten an der für den Menschen sehr gefährlichen FSME erkranken, sind sie von der Borreliose gleichermaßen betroffen wie wir. Die charakteristischen Symptome dieser mit Antibiotika therapierbaren Erkrankung sind Gelenkentzündungen, Lähmungen, Bewegungsstörungen, aber auch Fieberschübe und starke Beeinträchtigungen des Allgemeinbefindens.

Die Gesundheitsgefährdung durch Zeckenstiche ist demnach nicht unerheblich. Deswegen ist Vorbeugung angebracht. Wenn Sie während der 'Zeckenzeit' das Fell Ihres Retrievers nach jedem Spaziergang mit einem Staubkamm durchkämmen (beim Curly ist diese Prozedur leider nur schwer durchführbar), werden Sie sicher die meisten der noch auf dem Fell wandernden Plagegeister entdecken. Bereits festsitzende Zecken entfernen Sie sofort und am zweckmäßigsten mit einer Zeckenzange: Fassen Sie dazu sehr vorsichtig die in der Haut des Hundes steckenden Mundwerkzeuge der Zecke und lösen Sie diese durch mehrmaliges Drehen der Pinzette (rechts oder links herum!) aus der Haut heraus. Auf keinen Fall dürfen Sie Druck auf den Zeckenkörper ausüben. Potentielle Krankheitskeime würden dabei geradezu in den Blutkreislauf des Hundes hineinpresst. Aus diesem Grund dürfen festsitzende Zecken auch nicht mit Öl o. Ä. betäubt werden, denn während die Zecke erstickt und ihr Körper erschlafft, gibt sie sogar vermehrt Speichelsekret in die Stichstelle ab.

In naher Zukunft wird es wohl möglich sein, Hunde sowohl gegen FSME als auch gegen Borreliose durch **Impfungen** zu schützen. Anders als in der Humanmedizin, in der Impfstoffe nur gegen die hauptsächlich durch Zecken übertragenen, FSME-auslösenden Viren zur Verfügung stehen, ist für Hunde auch ein Impfstoff zumindest gegen einen der Borreliose-Erregerstämme entwickelt worden. Die amtlichen Zulassungsverfahren (in Deutschland) für die Anwendung der FSME- und Borreliose-Impfstoffe beim Hund sind jedoch noch nicht abgeschlossen.

Ungezieferhalsbänder, die vor Zecken, Flöhen und Läusen schützen sollen, sind für die wassernärrischen und schwimmbegeisterten Retriever nicht geeignet. Denn die Wirksamkeit der auf diesen PVC-Bändern aufgetragenen und hauptsächlich durch Verdunsten freigesetzten Substanzen (Insektizide) lässt bei Wasserkontakt stark nach oder verschwindet gänzlich. Gleiches gilt für die Wirksamkeit von homöopathischen Mitteln wie Lavendelöl, Eukalyptus- oder Teebaumöl, die zum Schutz vor Hautparasiten auf zum Teil sehr schmuckvoll um den Hundehals getragene Tücher o. Ä. aufgebracht werden. Abgesehen von ihrer Wirkungslosigkeit beim frei laufenden Retriever kann das Tragen solcher Ungezieferhalsbänder oder -tücher sehr gefährlich für die Hunde werden, wenn sie z. B. beim Schwimmen oder beim gemeinsamen Spielen nicht abgenommen werden.

Zurück zur Fellpflege: Zur Pflege des Felles von Labrador und Chesapeake Bay Retrievern eignen sich kräftiges Frottieren mit einem Baumwollhandtuch und Bürsten mit einer weichen Naturhaarbürste. Das Fell der langhaarigen Vertreter wie Golden, Flat und Toller pflegt man am besten zunächst mit einer Drahtbürste, deren Borsten gut abgerundet sein sollten. Anschließend kämmt man mit einem grobzinkigen Kamm nach. Das Fell des Curly Coated Retrievers sollte, so empfehlen zahlreiche Züchter, weder gebürstet noch gekämmt werden, um die Lockenstruktur nicht zu beeinflussen. Sie raten dazu, das Fell des Hundes mit einem (feuchten) Frotteehandtuch gründlich abzurubbeln und seine Haut samt Locken kräftig mit den Fingern durchzukneten. Es gibt aber durchaus Curly-Züchter, die ihre Hunde regelmäßig kämmen (feinzinkiger Kamm, kleine Kämmbewegungen) und damit sehr gute Erfahrungen gemacht haben.

Achten Sie bei der Pflege Ihres Hundes bitte unbedingt auch auf das Fell hinter den Behängen! Denn insbesondere bei den langhaarigen und lockigen Vertretern der Retrieverrassen können dort die Haare rasch verfilzen.

'Trimmen': Gelegentlich sollte das Fell der Retriever nachgeschnitten werden: Bei Golden und Flat Coated werden ungefähr alle sechs bis acht Wochen die Haare an den Behängen, der Brust und der Ruten-Unterseite mit einer Effilierschere ausgedünnt. Beim Golden Retriever wird zudem die Ruten-Unterseite ausgehend von der Rutenspitze in Richtung Hinterlauf mit einer vorn abgerundeten Schere in Form geschnitten. Bei beiden Rassen kürzt man außerdem zu dichtes und langes Fell an den Pfoten sowie an den Rückseiten der Läufe, beim Vorderfuß bis zum Wurzelgelenk und am Hinterfuß bis zum Sprunggelenk.

Bei Curly Coated Retrievern genügt es, zu lange Locken an den Behängen und der Rute geringfügig zu kürzen.

Beim Toller ist es üblich, das Fell an den Pfoten zu trimmen, außerdem zu dichte Haare an den Behängen vorsichtig auszuzupfen oder z. B. mit einer Effilierschere auszudünnen und die Konturen leicht nachzuschneiden.

Bei Labrador und Chesapeake Bay Retrievern wird lediglich die Rutenspitze ein wenig rund geschnitten.

Das korrekte Vorgehen beim Trimmen Ihres Vierbeiners lassen Sie sich am besten von Ihrem Züchter oder bei einem Ringtraining demonstrieren.

Haarausfall: Alle Retrieverrassen zeigen zweimal im Jahr für die Dauer von ungefähr drei Wochen verstärkten Haarausfall. Dieser Haarverlust (Fellwechsel) wird durch die Aktivität hormonprodu-

Curly Coated Retriever: Ihr typisches Haarkleid macht sie unverwechselbar.

zierender Drüsen ausgelöst, die auf die Umgebungstemperatur und die Dauer des Tageslichtes reagieren. Um die zahlreichen abgestorbenen Haare zu entfernen, muss das Fell der Hunde während dieser Zeit täglich mit einem feinzinkigen Kamm gründlich durchgekämmt werden.

Dauert der Fellwechsel bei Ihrem Retriever ungewöhnlich lange an oder erscheint er Ihnen übermäßig stark, dann sollten Sie vor allem die Vitaminzusammensetzung seines Futters überprüfen, denn häufig ist Vitamin-B-Mangel die Ursache des Haarverlustes. Da aber auch ernsthaftere Erkrankungen z. B. der Schilddrüse hinter diesen Symptomen stecken können (hauptsächlich bei Golden Retrievern diagnostiziert), ist es in schweren Fällen ratsam, den Tierarzt aufzusuchen.

Keine hormonelle Ursache scheinen dagegen die Fellprobleme (Patterned Baldness) zu haben, die ausschließlich bei Curly Coated Retrievern beobachtet werden. Es handelt sich dabei wohl um eine erblich bedingte Erkrankung, die meistens im Anschluss an die Pubertät erstmals in Erscheinung tritt. Sie ist gekennzeichnet durch das mehr oder weniger regelmäßige Auftreten zahlreicher kahler Stellen im Fell, besonders an der Innenseite der Hinterläufe, der Flanken, der Brust und des Halses. Da erkrankte Hunde häufig gleichzeitig von Allergien betroffen sind, vermutet man ursächlich eine Störung des Immunsystems in Form einer Auto-Immunerkrankung. Eine Behandlung ist derzeit nicht möglich.

Baden: Hat sich Ihr Retriever ausgiebig im Schlamm gesuhlt, verzichten Sie darauf, ihn einem Schaumbad zu unterziehen. Sprühen Sie ihn stattdessen mit dem Gartenschlauch gründlich ab (Augen und Ohren dabei aussparen) und rubbeln Sie sein Fell anschließend mit einen Frotteehandtuch gründlich trocken. So vermeiden Sie, dass seiner Haut der imprägnierende Fettmantel entzogen und sein Immunsystem unnötigerweise belastet wird.

Pfoten und Krallen

Achten Sie unbedingt darauf, dass weder die Krallen (insbesondere die Daumenkrallen an den Vorderläufen) noch die Haare zwischen den Zehen zu lang werden. Die Haare schneiden Sie am besten mit einer vorne abgerundeten Schere, die Krallen mit einer speziellen Krallenzange, deren Handhabung Sie sich zunächst von Ihrem Tierarzt zeigen lassen sollten. Ist der Retriever ausreichend und auch auf rauem Untergrund unterwegs, erübrigt sich das Krallenkürzen meistens.

Zähne

Die regelmäßige Kontrolle seines Gebisses gehört ebenfalls zur Gesundheitsvorsorge Ihres Retrievers. Hat Ihr Vierbeiner ausreichend Gelegenheit Büffelhautknochen und Hundekuchen zu benagen, ist Zahnpflege zur Vermeidung von Belägen im Allgemeinen nicht nötig.

Sollte sich doch einmal Zahnstein entwickelt haben, lassen Sie ihn unbedingt vom Tierarzt entfernen, ansonsten können hartnäckige Zahnfleischentzündungen und Parodontose die Folge sein.

Exkurs: Die Zahnentwicklung beim Hund

Der Durchbruch des Milchgebisses erfolgt im Alter von drei bis sechs Wochen. Der Welpe besitzt insgesamt 28 Zähne; davon befinden sich in jeder Kieferhälfte drei Schneidezähne (Incisivi, I),

Plantschen im Wasser, das macht sogar dem erwachsenen Retriever noch großen Spaß.

ein Eck- oder Fangzahn (Caninus, C) und drei vordere Backenzähne (Prämolaren, P) (vgl. Tab. 9). Der Wechsel zum bleibenden Gebiss beginnt im Alter von drei bis vier Monaten mit den Schneidezähnen. Die vorderen Backenzähne wechseln (P2 – P4) bzw. erscheinen erstmals (P1) im vierten bis fünften Lebensmonat. Die Eckzähne wechseln mit fünf bis sechs Monaten. Erst danach brechen auch die hinteren Backenzähne (Molaren, M) durch und zwar zwei in jeder Oberkiefer- und drei in jeder Unterkieferhälfte, so dass das Gebiss des erwachsenen Hundes aus 42 Zähnen besteht (vgl. Tab. 10).

Die jeweiligen Rassestandards schreiben für alle Retriever das Scherengebiss vor. Bei geschlossenem Maul muss die Rückseite der oberen Schneidezähne die Vorderseite der unteren Schneidezähne berühren. Ein Zangengebiss (Aufbiss) sowie ein Vor- und ein Unter- bzw. Überbiss sind zuchtausschließende Fehler.

Insbesondere bei Golden und Labrador Retrievern kommt es recht häufig vor, dass das Gebiss nicht vollständig ist. Hauptsächlich betroffen sind die vorderen, seltener die hinteren Backenzähne. Ein fehlender Zahn ist freilich kein Dilemma. Fehlen

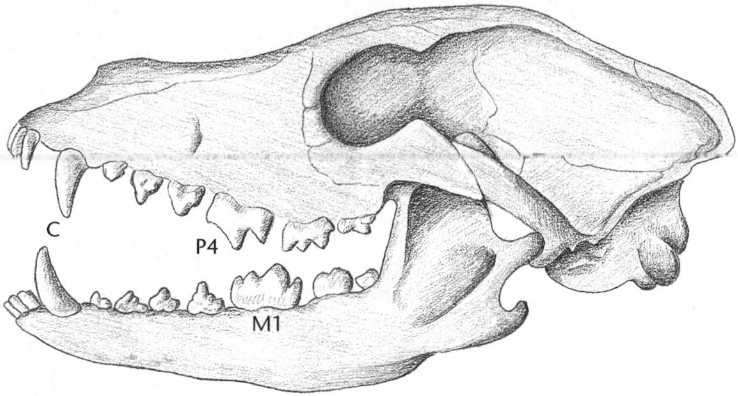

Das vollständige Retrievergebiss.

dem Retriever jedoch mehrere der 'großen' Backenzähne, noch dazu auf der gleichen Kieferseite, dann stellt dies nicht nur ein ästhetisches Problem dar. Sehr häufig leiden betroffene Hunde z. B. unter extrem starker Zahnsteinbildung.

Ohrenpflege

Die beim Retriever dicht am Kopf anliegenden Behänge können auf die Entstehung entzündlicher Veränderungen der Ohren begünstigend wirken. Einmal wöchentlich sollten Sie deshalb den äußeren Gehörgang Ihres Hundes mit einem Papiertaschentuch

	Rechte Kieferhälfte				Linke Kieferhälfte			
	Molaren	Prämolaren	Caninus	Incisivi	Incisivi	Caninus	Prämolaren	Molaren
Oberkiefer	–	3	1	3	3	1	3	–
		$P_4P_3P_2$	C	$I_3I_2I_1$	$I_1I_2I_3$	C	$P_2P_3P_4$	
		$P_4P_3P_2$	C	$I_3I_2I_1$	$I_1I_2I_3$	C	$P_2P_3P_4$	
Unterkiefer	–	3	1	3	3	1	3	–

Tabelle 9: Zahnformel des Retriever-Welpen

	Rechte Kieferhälfte				Linke Kieferhälfte			
	Molaren	Prämolaren	Caninus	Incisivi	Incisivi	Caninus	Prämolaren	Molaren
Oberkiefer	2	4	1	3	3	1	4	2
	M_2M_1	$P_4P_3P_2P_1$	C	$I_3I_2I_1$	$I_1I_2I_3$	C	$P_1P_2P_3P_4$	M_1M_2
	$M_3M_2M_1$	$P_4P_3P_2P_1$	C	$I_3I_2I_1$	$I_1I_2I_3$	C	$P_1P_2P_3P_4$	$M_1M_2M_3$
Unterkiefer	3	4	1	3	3	1	4	3

Tabelle 10: Zahnformel des erwachsenen Retrievers

gründlich, aber behutsam ausreiben. Bitte immer nur den sichtbaren Teil des Gehörganges behandeln und niemals mit Wattestäbchen hantieren!

Augen

Wenn Sie dafür sorgen, dass Ihr Hund keiner Zugluft ausgesetzt ist, weder an seinem Schlafplatz noch im Auto, dann haben Sie schon viel getan, einer Bindehautentzündung seiner Augen vorzubeugen. Sollte Ihr Retriever dennoch gerötete Lidschleimhäute haben, dann könnte eine Nickhautentzündung vorliegen. Die Nickhaut ist ein von Bindehaut überzogener Knorpel im inneren Augenwinkel und ist eine Besonderheit des Hundeauges (im Vergleich zum menschlichen Auge). Da diese Erkrankung eine Schädigung der Augenhornhaut zur Folge haben kann, sollten Sie Ihren Tierarzt darauf ansprechen.

Vererbbare Augenerkrankungen: Leider gibt es beim Retriever auch erblich bedingte Augenerkrankungen. Dazu zählen die Progressive Retina-Atrophie (PRA), eine Erkrankung, die durch langsam fortschreitende Reduktion von Blutgefäßen in der Netzhaut (Retina) des Auges gekennzeichnet ist, außerdem die **Retina-Dysplasie** (RD), ein Krankheitsbild, bei dem sich die Netzhaut immer mehr vom Augenhintergrund ablöst und schließlich der **erbliche Graue Star** (heredity cataract = HC), eine vererbbare milchigweiße

Fehlende Zähne sind besonders bei Labrador und Golden Retrievern keine Seltenheit.

Eintrübung der Augenlinse. Die genannten Augenerkrankungen haben eine verminderte Sehkraft und im schlimmsten Fall sogar die Erblindung des Hundes zur Folge.

Häufig prägt sich gerade der erbliche Netzhautschwund (PRA) – die Degeneration von Lichtrezeptoren infolge mangelnder Durchblutung – erst in höherem Lebensalter aus. Sind Zuchthunde betroffen, haben sie ihre krankmachenden Erbanlagen (aa) bereits an sämtliche Nachkommen weitergegeben. Das krankmachende Gen, mit „a“ bezeichnet, ist rezessiv gegenüber dem Gen „A“ für gesunde Augen. Daher bedeutet aa Reinerbigkeit in Bezug auf die krankmachenden Erbanlagen. Die Vererbung erfolgt über einen einfachen rezessiven Erbgang.

Die Nachkommen erkranken zwar nur dann selbst an PRA, wenn gleichzeitig auch der andere Elternteil von PRA betroffen ist, sie sind aber mit Sicherheit PRA-Träger (Aa). Gelangen nun diese Hunde in die Zucht, werden sie das krankmachende Gen (statistisch gesehen) an 50 Prozent ihrer eigenen Nachkommenschaft weitervererben. Dies macht deutlich, wie rasch sich diese schwere, immer zur Erblindung führende Augenerkrankung innerhalb einer Hundepopulation ausbreiten kann. Es zeigt aber auch, wie wirksam ihrer Ausbreitung Einhalt geboten werden könnte, besäße man ein Mittel zur Früherkennung, d. h. eine Diagnosemöglichkeit, bevor die Tiere zur Zucht eingesetzt werden.

Erfreulicherweise wurde nun damit begonnen, auch für Retriever Testverfahren zu entwickeln, mit deren Hilfe Anlageträger bzw. kranke Tiere anhand von DNA-Analysen aus Blutproben ermittelt werden können (für Irish Setter existieren diese bereits). Die deutschen Retrieververeine unterstützen die derzeit in Großbritannien laufenden PRA-Forschungen durch zahlreiche Blutspenden (5–10 ml Blut pro Tier) von Labrador Retrievern.

Bisweilen kommen auch vererbbare Erkrankungen der Augenlider vor (**Entropium**: Einwärtsrollung, **Ektropium**: Auswärtsrollung), die Entzündungen und bleibende Schädigungen des Auges nach sich ziehen können. Deshalb ist in schweren Fällen eine operative Korrektur nötig.

Insbesondere bei Flat Coated, aber auch bei Chesapeake Bay, Golden und Nova Scotia Duck Tolling Retrievern treten gelegentlich überzählige Augenwimpern (**Distichiasis**) auf, die, wenn sie nicht operativ entfernt oder verödet werden, ebenfalls Binde- oder Hornhautreizungen hervorrufen können.

Magen-Darm-Trakt

Zur täglichen Gesundheitsvorsorge gehört es auch, die Häufigkeit des Harnlassens und Kotabsetzens zu überwachen sowie Konsistenz und Farbe der Ausscheidungen zu kontrollieren.

Durchfall: Die verschiedensten Ursachen können Durchfall auslösen. Hauptsächlich sind es Ernährungsfehler, aber auch Erkältungen, Darmparasiten, Bakterien und Viren können Durchfall hervorrufen. Wenn kein Blut beigemengt ist und der Hund nicht gleichzeitig erbricht, kann der Durchfall durch Diät behandelt werden. Verordnen Sie Ihrem Retriever einen Schonkosttag, an dem er nur Karottensaft oder geriebenen Apfel zu fressen bekommt. Am folgenden Tag können Sie auf ganz mageres Fleisch und Haferflocken oder Reis übergehen. Füttern Sie aber nur die Hälfte der üblichen Tagesmenge und geben Sie das Futter auf drei Rationen verteilt. Statt Wasser empfiehlt sich Schwarztee. Bei starkem Brechdurchfall oder blutigem Durchfall dürfen Sie auf keinen Fall selbst therapieren, sondern müssen sofort Ihren Tierarzt aufsuchen.

Sollte Ihr Hund nach starkem Durchfall '**Schlittenfahren**', d. h. auf seinem Hinterteil vorwärts rutschen, dann leidet er möglicherweise unter einer Entzündung der nahe des Afters gelegenen Analbeutel.

In den Analbeuteln wird ein für die individuelle Duftmarke des Hundes entscheidendes Sekret gebildet, das sich hauptsächlich durch das Pressen beim Kotabsetzen entleert. Ist der Kot zu breiig, hat der Hund keine Veranlassung zu pressen. Folglich werden die Analbeutel nur ungenügend entleert, so dass sich Sekret ansammelt, das dann entzündliche Veränderungen hervorrufen kann. Da diese Entzündungen Juckreiz oder Schmerzen verursachen, versucht der Hund dem durch Reiben zu begegnen. Häufig kommt es dadurch zur Freisetzung des sehr charakteristisch riechenden Analbeutelsekretes. Ist dies nicht der Fall, müssen Sie einen Tierarzt aufsuchen.

Ging dem 'Schlittenfahren' kein starker Durchfall voraus, könnte dieses Verhalten auch auf Wurmbefall (siehe unten) hindeuten.

Erbrechen: Gelegentliches Erbrechen ist harmlos. Die Funktionalität des Verdauungstraktes eines Hundes ist dahingehend ausgerichtet, relativ leicht erbrechen zu können. Instinktsichere Elterntiere würgen Ihren Welpen bereits ab der dritten Lebenswoche regelmäßig leicht vorverdautes Futter vor (siehe dazu auch 'Mundwinkellecken'). Den durch das Erbrechen hervorgerufenen Flüssigkeits- und Elektrolyt-Verlust sollten Sie dennoch durch mehrere Prisen Kochsalz in reichlich Trinkwasser ausgleichen. Sollte Ihr Retriever jedoch häufig erbrechen oder zusätzlich starken Durchfall zeigen, suchen Sie unbedingt den Tierarzt auf.

Darmparasiten: Im Hunde-Dünndarm kommen verschiedene Parasiten wie z. B. Bandwürmer und Rundwürmer (hauptsächlich Spulwürmer) vor, die den Hund als Wirtsorganismus nutzen und dadurch seine Gesundheit beeinträchtigen können.

Unter den Bandwürmern sind es vor allem der **Hundebandwurm** (*Echinococcus granulosus*) und der **Fuchsbandwurm** (*Echinococcus multilocularis*), die auch dem Menschen sehr gefährlich werden können. Der Fuchsbandwurm entwickelt sich hauptsächlich mit dem Fuchs als Endwirt und Kleinsäugern wie z. B. Mäusen als Zwischenwirten. Aber auch Hunde und Katzen können Träger des Fuchsbandwurmes sein, wenn sie mit Larven bzw. Finnen des Bandwurmes infizierte Kleinsäuger gefressen haben.

Über die im Kot abgegebenen oder am Fell des Hundes haftenden Bandwurm-Eier, die in den wie Reiskörner aussehenden Bandwurm-Gliedern enthalten sind (die bei Befall im Kot oder am After des Hundes häufig zu entdecken sind) kann sich dann auch der Mensch oral (durch Aufnahme über den Mund) infizieren.

Welpen sind weitaus seltener von Bandwurmbefall betroffen als erwachsene Hunde, sie leiden aber wesentlich häufiger unter Spulwürmern. Ein verantwortungsbewusster Züchter wird seine Welpen deshalb mehrmals gründlich entwurmen, bevor er sie in ihr neues Zuhause abgibt. Und auch dort muss die regelmäßige Entwurmung konsequent fortgeführt werden, um den jungen Hund, aber auch 'Krabbelkinder' vor den Gefahren eines Wurmbefalles zu bewahren.

Denn die wie winzige Spaghetti aussehenden geschlechtsreifen Spulwürmer können nicht nur beim Hund sondern auch beim Menschen (z. B. durch Einwandern in Organe) zu schweren Krankheitssymptomen führen.

Entwurmungsmittel: Um die Belastung durch Entwurmungsmittel so gering wie möglich zu halten, müssen Sie Ihrem Retriever bereits vom Welpenalter an verbieten, nach Mäusen zu graben und diese zu fressen. Denn die kleinen Nagetiere sind, wie Sie bereits wissen, häufig Zwischenwirte des gefürchteten Hunde- bzw. Fuchsbandwurmes. Regelmäßige mikroskopische Untersuchungen des Kotes auf Wurmbefall, die der Tierarzt durchführt, können ebenfalls dazu beitragen, die 'prophylaktischen' Wurmkuren auf ein Mindestmaß zu beschränken.

Unbedingt entwurmen sollten Sie Ihren Retriever ungefähr zehn Tage vor der jährlichen Schutzimpfung (siehe unten). Denn nur bei einem völlig gesunden Tier kann die Impfung eine hohe Antikörperproduktion bewirken. Diese wiederum ist Voraussetzung dafür, dass Ihr Retriever während der folgenden zwölf Monate ausreichend gegen die z. T. tödlichen Krankheitserreger wie z. B. der Tollwut geschützt ist.

Ein von Parasiten befallener und geschwächter Hund ist dagegen trotz Schutzimpfung nicht in der Lage, genügend Antikörper aufzubauen. Die Folge ist ein verminderter Impfschutz. Auf solchen oder ähnlichen Begleitumständen basiert möglicherweise das in letzter Zeit vermehrt beobachtete Auftreten von Staupe-Erkrankungen trotz regelmäßig durchgeführter Schutzimpfungen.

Die meisten mir bekannten Retrieverbesitzer entwurmen ihre Hunde mindestens zweimal jährlich, im Bedarfsfall (z. B. Mäusefressen) bis zu viermal im Jahr. Und sie verwenden Entwurmungsmittel, die auch Wirkstoffe gegen den Fuchsbandwurm enthalten.

Eingabe von Entwurmungsmitteln: Für den Welpen werden Wurmmittel meist als Flüssigkeit oder in Pastenform angeboten, so dass sie bequem unter das Futter gerührt werden können. Tabletten verabreichen Sie, indem Sie diese weit hinten auf den Zungengrund Ihres Retrievers legen und seinen Fang solange zu halten, bis er abgeschluckt hat. Als Injektions-Präparate stehen Entwurmungsmittel nur dem Tierarzt zur Verfügung.

Kräftiges Nagen erleichtert den Durchbruch des Milchgebisses.

Infektionskrankheiten

Lassen Sie Ihren Retriever weder mit streunenden Hunden noch im Wartezimmer beim Tierarzt mit möglicherweise kranken Tieren spielen. Achten Sie außerdem darauf, dass die Grundimmunisierung Ihres Welpen ordnungsgemäß durchgeführt wird, und halten Sie die Termine für die regelmäßigen Auffrisch-Impfungen strikt ein. Dann brauchen Sie sich keine Sorgen zu machen, dass sich Ihr Retriever mit einer schweren Infektionskrankheit wie beispielsweise Tollwut, Staupe, Parvovirose, Hepatitis oder Leptospirose anstecken könnte.

Gegen hauptsächlich in den Tropen oder Subtropen vorkommende Krankheitserreger wie z. B. Blutparasiten (Leishmanien, Babesien, Ehrlichien), die durch Stechmücken und Zecken (Holzbock, Braune Hundezecke) übertragen werden, ist sein Immunsystem dennoch nicht gewappnet. Auch bei einem kurzen Spanien- oder Italienaufenthalt kann sich Ihr Retriever z. B. mit den dort heimischen Erregern (*Dirofilaria immitis*) der gefürchteten Herzwurmkrankheit infizieren und lebensgefährlich erkranken. Diese Erkrankung, deren klinische Symptome erst drei bis fünf Monate nach der Dirofilarien-Übertragung durch Stechmücken auftreten, verläuft ohne ursachenspezifische Behandlung meist tödlich. Bitte bedenken Sie das bei der Planung Ihrer Urlaubsreise!

Wenn sich der Retriever nach dem Schwimmen durch Bewegung warm halten kann, außerdem bei Nässe und Minusgraden nicht lange 'abliegen' muss, dann können auch Erkältungskrankeiten und Harnwegsinfektionen vermieden werden. Außerdem steigern eine ausgewogene, vitaminreiche Ernährung, viel Bewegung und konsequente Körperpflege die Abwehrkräfte des Hundes und wirken somit krankheitsvorbeugend.

Schutzimpfungen

Auf die große Bedeutung dieser Art der Immunprophylaxe wurde bereits mehrfach hingewiesen. Der Impferfolg, also die Stärke der Antikörperbildung wird außer vom Gesundheitszustand des Hundes zum Zeitpunkt der Impfung (siehe oben) auch entscheidend von der zeitlich exakten Verabreichung der Impfstoffe im Welpenalter mitbestimmt. Da das empfohlene Alter des Hundes und die Abfolge der einzelnen Injektionen bei den heute üblichen Kombinations-Impfstoffen stark präparateabhängig sind, kann hier kein allgemein gültiger Impfplan für diese sogenannte **Grundimmunisierung** des Welpen vorgestellt werden. In der Regel (Ausnahme: Tollwut-Schutzimpfung) besteht sie aus einer Erstimmunisierung noch beim Züchter und einer Nachimmunisierung nach zwei bis vier Wochen.

Ein kontinuierlicher Impfschutz kann natürlich nur sichergestellt werden, wenn regelmäßig **Auffrischungs-Impfungen** vorgenommen werden. So empfiehlt man heute, anders als noch vor einigen Jahren, die jährliche Wiederholungs-Impfung gegen Tollwut, Parvovirose, Leptospirose, Virushepatitis und Staupe. Da der art- und rassegemäß gehaltene Retriever mit zahlreichen anderen Hunden Umgang hat, wird geraten, ihn zudem gegen den sehr langwierigen und stark ansteckenden Zwingerhusten impfen zu lassen.

Obwohl eine vollständige Impfprophylaxe gegen den von mehreren Viren- und Bakterienstämmen ausgelösten Zwingerhusten heute noch nicht möglich ist, zeigt ein geimpfter Hund nach einer Infektion wesentlich schwächere und weniger lang anhaltende Krankheitssymptome als ein nicht behandeltes Tier.

Skeletterkrankungen

Da der Retriever in den ersten sechs Lebensmonaten besonders rasch wächst, können gerade in dieser Zeit Ernährungsfehler und Überbelastung gravierende negative Auswirkungen auf seinen Bewegungsapparat haben. Wenn der Hund gesund ernährt und ausreichend mit Vitaminen und Mineralstoffen versorgt wird und wenn seine Knochen, Bänder und Gelenke nicht einseitig oder übermäßig beansprucht werden, können bleibende Schäden vermieden werden. Sogar bei einer ererbten Veranlagung für Gelenkerkrankungen können ausgewogene Ernährung und richtige Bewegung die Ausprägung des Krankheitsbildes günstig beeinflussen.

Vererbbare Gelenkerkrankungen: Der sogenannten **Hüftgelenk-Dysplasie** (HD) liegen krankhafte Veränderungen der Knochen des Hüftgelenkes zugrunde. Betroffen sind die Hüftgelenkspfanne und der Gelenkkopf des Oberschenkels. Die HD kann ein- oder beidseitig auftreten. Eine sichere Diagnose ist nur durch

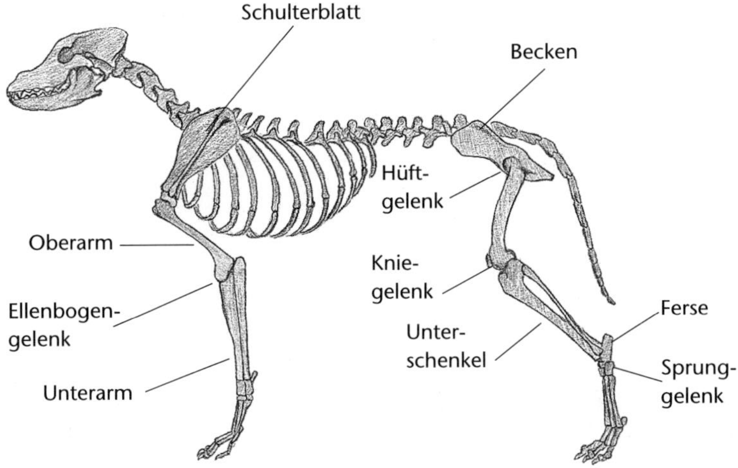

Skizze eines Hunde-Skeletts

Röntgenuntersuchungen nach dem zwölften Lebensmonat und unter Vollnarkose möglich.

Die **Ellenbogengelenk-Dysplasie** (ED) hat ihre Ursache in Störungen des natürlichen Verknöcherungsprozesses in einem oder beiden Ellenbogengelenken. Zu diesen Wachstumsdefekten zählen u. a. Osteochondrosen (Knorpelbildungsstörungen) und das Auftreten fragmentierter oder isolierter Knochensplitter im Bereich der Ellenbogen.

Die ED kann sich in sehr frühen Wachstumsphasen manifestieren und ist dann bereits im vierten Lebensmonat röntgenologisch nachweisbar.

Seltener als im Ellenbogengelenk können Osteochondrosen beim Retriever auch im Schultergelenk und im Knie- oder Sprunggelenk auftreten.

Im fortgeschrittenen Stadium und infolge von Arthrosen können sowohl die Hüftgelenk- als auch die Ellenbogengelenk-Dysplasie zu starken Schmerzen und zur Lahmheit führen.

Obwohl die Anlagen für eine Hüftgelenk- bzw. Ellenbogengelenk-Dysplasie erblich bedingt sind, hängt die Stärke der Ausprägung des jeweiligen Krankheitsbildes ganz entscheidend von

frei	A1 und A2 (HD-0)
verdächtig	B1 und B2 (HD-1)
leicht	C1 und C2 (HD-2)
mittel	D1 und D2 (HD-3)
schwer	E (HD-4)

Tabelle 11: Schweregrade der Hüftgelenk-Dysplasie

frei	ED 0
Grenzfall	ED GF
leicht	ED I
mittel	ED II
schwer	ED III

Tabelle 12: Schweregrade der Ellenbogengelenk-Dysplasie

den Aufzuchtbedingungen eines Welpen und Junghundes ab. Begünstigend für den Krankheitsausbruch und einen schweren Verlauf wirken im Wesentlichen drei Faktoren:

1. Überbeanspruchung der Gelenke während des Wachstums z. B. durch zu häufiges Treppensteigen, zu ausgiebige Bewegung und durch Übergewicht,
2. zu kalk(kalzium)arme oder zu kalkreiche Ernährung und
3. zu rasches Körperwachstum, induziert durch einen zu hohen Eiweiß- und Energiegehalt der Nahrung.

So wachsen zu reichlich gefütterte Welpen und Junghunde rascher und erreichen ihre genetisch vorgesehene Größe wesentlich früher als sparsamer ernährte Tiere. Die für die Stabilität der Knochen unbedingt nötigen Reifungsprozesse können aber bei zu schnellem Wachstum (bei den ohnehin sehr schnell wachsenden und dazu recht großwüchsigen Retrievern) nicht mehr mithalten. Die Folgen sind eine ungesunde und ungleichmäßige Knochen-

bzw. Gelenkentwicklung und damit ein erhöhtes Risiko für die Ausprägung einer HD und/oder ED bei entsprechend veranlagten Hunden.

Auch bedarfsgerecht gefütterte Retriever können bei einem unausgewogenen Mineralstoffverhältnis ihres Futters Fehlentwicklungen z. B. der Knorpel- und Knochenbildung aufweisen, so beispielsweise durch zu kalziumarme Ernährung.

Andererseits – und diese Erkenntnis setzt sich leider nur sehr zögernd durch – kann auch eine zu kalziumreiche Fütterung (z. B. durch die übertriebene Zufütterung von Futterkalk) erhebliche Skelettschäden hervorrufen und bei genetischer Prädisposition (Veranlagung) die Ausprägung einer HD oder ED begünstigen!

Zeigt das Röntgenbild einen HD- und/oder ED-positiven Befund, sollten Sie ganz besonders darauf achten, dass Ihr Retriever schlank bleibt und dass starke Belastungen seines Bewegungsapparates z. B. durch Hochspringen oder Überspringen von Hürden vermieden werden. Auf keinen Fall aber dürfen Sie Ihren Hund zu sehr schonen und seinen Auslauf reduzieren. Bewegung stärkt vielmehr die Muskulatur des Tieres und hilft so, die verminderte Beweglichkeit der krankhaft veränderten Gelenke abzufangen.

Patellar-Luxation: Auch die Patellar-Luxation oder Kniescheiben-Verrenkung ist eine Erbkrankheit, die unter den Retrievern in der Regel nur bei den Flats beobachtet wird. Diese durch häufig wiederkehrende, plötzliche Lahmheit oder durch ständiges Lahmen gekennzeichnete Erkrankung kann ein- oder beidseitig auftreten. Die orthopädischen Ursachen sind fehlerhafte Entwicklung des Kniegelenkes und/oder schlaffe Bänder, welche die Kniescheibe nicht in ihrer korrekten Position im Kniegelenk halten können. Zur Behandlung kommen meist nur operative Maßnahmen in Betracht.

Krebs

Häufiger als bei den anderen Retrieverrassen treten beim Flat Coated bösartige Tumoren insbesondere der Haut (MFH = malignes fibröses Histiocytom) auf. Da auch beim Hund Früherkennung die besten Heilungschancen verspricht, sollten Sie Ihren Retriever regelmäßig, beispielsweise bei der Fellpflege, abtasten und etwaige Befunde beim Tierarzt abklären lassen. Da die Anzahl tumoröser

Erkrankungen bei dieser Retrieverrasse nicht unerheblich ist, wurde bereits vor mehreren Jahren in Amerika eine Krebsforschungsgesellschaft mit dem Namen FCRSA (Flat Coated Retriever Society of America) gegründet, die sich speziell mit diesem Problem beim Flat Coated beschäftigt.

Da bei jeder Krebserkrankung immer auch eine erbliche Komponente vermutet wird, sollten Sie Ihren (potentiellen) Flat-Züchter nach dem Auftreten von Tumorerkrankungen in seinen Linien befragen. (Zum Thema „Gesäugetumoren bei der Hündin“ siehe unten).

Epilepsie

Zahlreiche Formen von Anfallsleiden werden unterschieden. Hunde erkranken hauptsächlich an der sogenannten idiopathischen Epilepsie, bei der primär keine organischen Ursachen nachzuweisen sind. Charakteristisch für diese Form der Gehirnfunktionsstörung ist das vermehrte Auftreten bei zwei- bis vierjährigen Tieren, außerdem die vollständige 'Regeneration' zwischen den Anfallsepisoden, wobei die Intervalle zwischen mehreren Monaten und nur wenigen Tagen lang sein können.

Während eines Anfalles zeigen die betroffenen Hunde (unter den Retrievern sind es vor allem Golden und Labrador, aber auch Flatcoats) nicht nur heftige Zuckungen, minutenlange Krämpfe sowie spontane Harnblasen- und Mastdarm-Entleerungen, sondern sie verlieren häufig auch kurzzeitig das Bewusstsein. Ergebnisse von Stammbaumanalysen lassen vermuten, dass dieser spezifischen Form der Epilepsie eine erbliche Komponente zugrunde liegt. Dabei scheinen bei den verschiedenen Hunderassen unterschiedliche Gene für den Erbgang verantwortlich zu sein. Beim Golden Retriever geht man derzeit von der Beteiligung mehrerer rezessiver Gene aus.

Die Epilepsie ist eine multifaktorielle Erkrankung. Neben endogenen (körpereigenen) Anlagen für die Übererregbarkeit bestimmter Nervenzellen im Gehirn, die letztendlich für die Ausprägung eines Krampfanfalles verantwortlich sind, können die verschiedensten Erkrankungen wie z. B. Gehirntumore, Meningitis oder Enzephalitis Ursache epileptiformer Krämpfe sein. Bei entsprechend veranlagten Tieren können sogar Nahrungsmittel-Unverträglichkeiten oder extreme Umweltreize wie Lärm epilepsieähnliche Krampfanfälle hervorrufen.

Aufgrund der Vielschichtigkeit der Auslösemechanismen von Krampfanfällen wird vor einer übereilten medikamentösen Therapie der Anfallssymptome und einer vorschnellen Aussage über mögliche erbliche Belastungen gewarnt. Stattdessen werden eingehende Diagnosen (z. B. Blut- u. Liquoruntersuchungen, Hirnstrommessungen, Röntgenanalysen) und gegebenenfalls die Behandlung der Grunderkrankung empfohlen. Denn nicht selten liegen anfallsweisen Krampfleiden virale Infektionen wie beispielsweise die durch Zecken übertragbare Frühsommer-Meningo-Enzephalitis zugrunde.

Wurden jedoch trotz gründlicher Untersuchungen keine Hinweise auf andere Erkrankungen gefunden, sollte man davon ausgehen, dass ein idiopathisches Anfallsleiden vorliegt. Aufgrund der deutlichen Hinweise auf deren Erblichkeit darf dann weder mit dem erkrankten Hund noch mit seinen engsten Verwandten gezüchtet werden. Solange Merkmalsträger nicht anhand von Bluttests o. Ä. frühzeitig identifiziert werden können, ist eine weitere Ausbreitung dieser schweren Gehirnfunktionsstörung beim Hund nur durch Gewissenhaftigkeit und Ehrlichkeit bei der Zuchtplanung zu verhindern. Verantwortungsbewusste Retrieverzüchter wissen, dass eine lebenslange Dauermedikation das Leiden der Hunde (und ihrer Besitzer) zwar mildern kann, sie wissen aber auch, dass erkrankte Tiere sehr häufig eingeschläfert werden müssen, noch ehe sie ihr fünftes Lebensjahr erreicht haben.

Arthritis-Meningitis

Die charakteristischen Symptome dieser bislang nur bei jungen Nova Scotia Duck Tolling Retrievern beobachteten Erkrankung sind hohes Fieber, Steifheit der Bewegungen, extreme Berührungsempfindlickeit, starke Schmerzen und Futterverweigerung. Die genannten Krankheitsbilder können einzeln oder in Kombination und häufig auch anfallsartig auftreten. Bei fast allen betroffenen Hunden werden außerdem Hirnhautentzündungen (Meningitis) und gleichzeitig starke Entzündungen der Gefäße (Arthritis) diagnostiziert. Viele Tiere sterben an dieser Erkrankung, deren Ursachen bislang noch unbekannt sind, andere erholen sich spontan.

Vielseitigkeit ist die Stärke der Retriever.

Die Läufigkeit der Retriever-Hündin

Der Sexualzyklus der Hündin gliedert sich in die vier Phasen Vorbrunst, Brunst, Rückbildungsphase und Ruhephase. Die Abfolge dieser Phasen wird ausgelöst durch eine rhythmische Änderung des Sexualhormonspiegels im Blut des Tieres, gesteuert über spezielle Gehirnzentren (Hypothalamus, Hypophyse) und über die beiden Eierstöcke. Die sich ändernde Konzentration der Hormone führt zu Veränderungen der inneren und äußeren Geschlechtsorgane sowie zu Verhaltensänderungen bei der Hündin.

Zu Beginn der Vorbrunst setzt die Hündin zunehmend häufiger Urin und somit Duftmarken ab. Sie verhält sich auch etwas eigenwilliger, als Sie es von ihr gewohnt sind. Ihre Scheide beginnt anzuschwellen und schließlich setzt ein hellroter Ausfluss ein. In den folgenden sechs bis sieben Tagen nimmt die Schwellung der Scheide weiter zu, die Blutung wird stärker und das austretende Blut ist dunkelrot gefärbt. Gegen Ende der Vorbrunst wird das Blut wieder heller und wässriger. Außerdem wird die stark geschwollene Scheide weicher. Erst jetzt werden die Rüden, die sich für die duftende Hündin interessieren, nicht mehr 'abgeschnappt' (ab-

Hält sie etwa nach einem Bräutigam Ausschau?

schnappen = Beißbewegung, die dicht vor dem Ziel gestoppt bzw. absichtlich an ihm vorbei ausgeführt wird). Im Gegenteil, die Hündin zeigt nun ihre Paarungsbereitschaft an, indem sie die Rute zur Seite nimmt, wenn ein Rüde sich anschickt, an ihrer Scheide zu lecken. Jetzt beginnt die Brunst und es ist für einige wenige Tage höchste Vorsicht geboten, damit es zu keinem unbeabsichtigten Deckakt kommt.

Im Verlauf der Brunst wird der Ausfluss immer spärlicher, bis nur noch ein weißlicher Schleim aus der Scheide austritt. Wenn Sie mit Ihrer Hündin züchten wollen, ist es nun an der Zeit, den

Zuchtrüden aufzusuchen. Ein erfolgreicher Deckakt ist bei der Retriever-Hündin im Mittel zwischen dem 13. und 16. Tag nach Einsetzen der Blutung am wahrscheinlichsten. Zwischen dem 19. und 23. Tag nach Blutungsbeginn hört der Ausfluss dann gänzlich auf.

Ist keine Befruchtung eingetreten, sinkt der erhöhte Sexualhormonspiegel im Blut der Hündin allmählich wieder ab. Trotzdem riecht sie bis zum Ende der Rückbildungsphase nach ungefähr drei Wochen für die Rüden noch sehr verlockend. Aber wie aufdringlich diese auch sein mögen, sie werden von der Hündin wieder energisch abgeschnappt. Die Scheide der Hündin beginnt jetzt abzuschwellen und erreicht im Laufe der Rückbildungsphase ihre ursprüngliche Größe. Wenn die äußerlich sichtbaren Veränderungen der Scheide abgeklungen sind, setzt erneut eine ungefähr viereinhalbmonatige Ruhephase ein, in der der Sexualhormonspiegel im Blut der Hündin relativ konstant ist.

Eine Hündin bleibt bis ins hohe Alter fortpflanzungsfähig. Allerdings treten bei älteren Hündinnen relativ häufig Unregelmäßigkeiten im Sexualzyklus auf. Dabei kann die Läufigkeit verkürzt, aber auch stark verlängert sein. Sie kann bis zu dreimal jährlich oder auch nur einmal im Jahr auftreten. Bei Flat-Coated-Hündinnen ist dieses vermehrte bzw. verminderte Auftreten der Läufigkeit bereits beim jungen Tier nicht selten. Die genannten Abweichungen sind aber nicht krankhaft. Sollte Ihre Retriever-Hündin jedoch eitrigen Ausfluss aus der Scheide zeigen (häufig drei bis acht Wochen nach der Läufigkeit), dann suchen Sie sofort den Tierarzt auf. Möglicherweise liegt eine Gebärmuttervereiterung (Pyometra) vor, die unbedingt behandelt werden muss.

Scheinträchtigkeit

Manche Hündinnen verhalten sich einige Wochen nach Abschluss der Läufigkeit so, als ob sie befruchtet worden wären. In ihr Gesäuge schießt Milch ein, ihr Leibesumfang nimmt sichtlich zu, manche Tiere zeigen sogar Nestbauverhalten. Die Hündinnen sind scheinträchtig.

Die Scheinträchtigkeit ist eigentlich keine Krankheit. Hormonell gesehen wird jede Hündin nach einer Läufigkeit scheinträchtig. Denn das schwangerschaftserhaltende Hormon Progesteron wird auch bei der nicht befruchteten Hündin nach Beendigung der Läufigkeit für kurze Zeit weiterhin gebildet. Ob und wie man eine Scheinträchtigkeit behandelt, hängt demnach nur vom Ausmaß der gezeigten Symptome ab. Reine Verhaltensänderungen bedürfen keiner Behandlung. Ist jedoch das Gesäuge so stark geschwollen, dass es der Hündin starke Schmerzen verursacht, sollte eine lokale Behandlung mit abschwellend wirkenden Salben durchgeführt oder die Milchbildung durch Gabe von Hormonpräparaten unterdrückt werden.

Unterbindung der Fruchtbarkeit und des Sexualzyklus bei Retrievern

Bei einer **Sterilisation** wird der Hündin entweder die Gebärmutter entfernt oder es werden beide Eileiter durchtrennt. Dadurch wird die Hündin unfruchtbar.

Ihr Sexualzyklus, also die rhythmische Änderung des Sexualhormonspiegels in ihrem Blut, bleibt aber erhalten, ebenso ihre geruchliche Attraktivität für Rüden, die außer durch Gebärmuttersekrete auch über Vaginaldrüsenausscheidungen hervorgerufen wird. Nach Entfernung der Gebärmutter treten jedoch, anders als bei Durchtrennung der Eileiter, keine Blutungen mehr auf.

Bei einer **Kastration** werden der Hündin auch die hormonproduzierenden Eierstöcke entfernt. Dadurch erlischt ihr Sexualzyklus vollständig.

Beim Rüden besteht eine Kastration in der operativen Entfernung beider Hoden, eine Sterilisation in der Durchtrennung beider Samenleiter (**Vasektomie**).

Obwohl Kastrationen sehr häufig nur zur Unterbindung der Läufigkeit bei der Hündin und zur Entschärfung aggressiven Verhaltens beim Rüden durchgeführt werden, sollten sich solche Eingriffe bei einem Retriever, der als Familienhund gehalten wird, nur auf den Krankheitsfall (z. B. bei Eierstock- bzw. Hodenerkrankungen) beschränken. Denn durch die Entfernung der sexualhormonproduzierenden Drüsen kommt es zu einer drastischen Absenkung des Sexualhormonspiegels im Blut der Hunde, was nicht nur hinsichtlich der Fortpflanzung gravierende Folgen hat.

So sind die Sexualhormone auch äußerst vielfältig an der Aufrechterhaltung zahlreicher Funktionen im Gesamtorganismus beteiligt. Besonders betroffen sind Leistungen des Wachstums und des Stoffwechsels insbesondere im Gehirn. Gerade bei sehr jungen Hunden kann die Kastration deshalb einen nicht unerheblichen Einfluss auf deren Temperament, Lernfähigkeit und allgemeine Vitalität haben.

Soll durch eine Kastration nicht nur die Fortpflanzungsfähigkeit, sondern vor allem auch dominantes oder aggressives Verhalten beim Rüden unterdrückt werden, dann muss die Operation unbedingt beim möglichst jungen Tier erfolgen. Ansonsten konnten sich durch den langsam ansteigenden bzw. hohen Testosteronspiegel im Blut der Hunde bereits feste Verhaltensmechanismen etablieren, die nach einer Kastration zu einem späteren Zeitpunkt nur sehr selten völlig verschwinden.

Auch das deutlich geringere Risiko kastrierter Hündinnen an einem Gesäugetumor zu erkranken, ist nachweislich nur dann gegeben, wenn die Kastration bereits vor der ersten Läufigkeit, also beim sehr jungen Tier erfolgte. Wird die Operation nach der ersten, aber noch vor der zweiten Läufigkeit vorgenommen, steigt das Risiko bereits wieder und unterscheidet sich bei einer Kastration nach der dritten Läufigkeit nicht mehr vom Risiko unbehandelter Hündinnen.

Da Sie nun wissen, welche Veränderungen während des Sexualzyklus der Retriever-Hündin auftreten, sollten Sie sich nur dann für ein weibliches Tier entscheiden, wenn Sie bereit sind, diese Veränderungen auch zu akzeptieren und während der Läufigkeit ein Auge auf Ihre Hündin zu haben. Und auch beim Rüden sollte eine Kastration zur Unterbindung von Aggressivität nie nötig werden, denn Retriever zeichnen sich ganz besonders durch ihre Friedfertigkeit und Verträglichkeit aus.

Ein aggressiver Retriever ist verhaltensgestört. Bevor Sie eine Kastration zur Behebung dieses Verhaltens in Betracht ziehen, sollten Sie genau überlegen, ob die Störung nicht auf groben Erziehungfehlern Ihrerseits beruht. Dann kann eine Kastration ohnehin keine geeignete Verhaltensänderung des Tieres herbeiführen. Viel hilfreicher bei der Lösung Ihres gemeinsamen Problems könnte dann die Teilnahme an einem Trainingskurs für Hunde-

Nicht nur ihre Erziehung und Ausbildung erfordert geduldige Konsequenz, auch die Läufigkeit der Hündin und das Werbungsverhalten des Rüden verlangen dem Halter eine gehörige Portion an Einfühlungsvermögen und Selbstdisziplin ab.

halter mit verhaltensauffälligen Hunden sein. Die kompetenten und erfahrenen Kursleiter finden mit Ihnen zusammen sicher einen anderen Weg, das aggressive Verhalten Ihres Hundes zu ergründen und zu beheben. Termine und Veranstaltungsorte solcher Kurse können Sie bei allen Hundeverbänden erfragen.

Wenn Sie Ihrem Retriever-Welpen jedoch schon vom allerersten Tag an die geltenden Spielregeln gelehrt und ihm die Chance gegeben haben, seinen Platz im sozialen Gefüge einzunehmen, und wenn Sie darüber hinaus seine rassetypischen Bedürfnisse jederzeit respektieren und befriedigen, werden Sie mit der Thematik der Problemhundeerziehung ohnehin nicht konfrontiert.

Unfallverhütung und Vermeidung von Notfällen

Vorausschauendes und umsichtiges Handeln ist die wichtigste Voraussetzung dafür, ernsthaften Erkrankungen und Unfällen vorzubeugen. Wenn Sie außerdem die nachgenannten Regeln befolgen, haben Sie die wichtigsten Vorkehrungen getroffen, Ihren Retriever vor dem Schlimmsten zu bewahren:

- Spielen und Schwimmen stets ohne Halsband, um Knochenbrüche des Unterarmes und Zahnextraktionen zu vermeiden.
- Keine Stöcke zum Apportieren verwenden und keine spitzen Knochen verfüttern, um Verletzungen des Mund- und Rachenraumes sowie Darmperforationen vorzubeugen.
- Den Hund daran gewöhnen, auf Kommando stets zu Ihnen zu kommen, um z. B. Beißereien aus dem Wege zu gehen.
- Den Retriever niemals ohne Aufforderung in unbekannte Gewässer springen lassen, um Verletzungen zu vermeiden.
- Absperrgitter im Auto verwenden und Leine in der Stadt einsetzen, um Unfälle mit lebensbedrohenden inneren Verletzungen zu verhindern.
- Dem Retriever keine übermäßige Belastung zumuten und ihn bei Hitze nicht allein im Auto lassen, um einem Hitzschlag vorzubeugen.
- Dem Hund mehrmals am Tag kleine Futterportionen anbieten, anstatt seinen Magen durch eine einzige große Mahlzeit zu überdehnen und ihn nicht vor dem Gassigang oder dem Umhertollen füttern, um einer lebensbedrohenden Magendrehung vorzubeugen.

Ist trotz aller Vorausschau ein Notfall eingetreten, dann heißt das allererste Gebot: Ruhe bewahren und besonnen vorgehen!

Den Retriever möglichst anleinen, denn unter starken Schmerzen kann er anders reagieren, als Sie es von ihm gewohnt sind.

Nach einem Verkehrsunfall, nach dem Verschlucken eines Gegenstandes, bei Vergiftungen oder einer Magendrehung müssen Sie so schnell wie möglich einen Tierarzt aufsuchen. Achten Sie beim Transport darauf, dass die Atemwege des Hundes frei sind (Zunge zwischen Eck- und Backenzähne legen) und etwaige Blutungen gestillt werden (blutendes Gefäß mit den Fingern abdrücken oder Druckverband anlegen).

Nach einem Hitzschlag, also dem Versagen des Kreislaufs infolge Überhitzung, bringen Sie den Retriever sofort ins Kühle und kühlen ihn, an den Extremitäten beginnend, mit Wasser ab. Wenn sich Atmung, Herzschlag und Körpertemperatur etwas normalisiert haben, fahren Sie unverzüglich zum Tierarzt! Denn es besteht die Gefahr eines nachfolgenden Nierenversagens.

Geeignetes Spielzeug für aktive und bewegungsfreudige Retriever.

Die Mittelwerte für die Vitalfunktionen in Ruhe beim erwachsenen Retriever betragen:

- Herzfrequenz 75 Schläge pro Minute
- Atemfrequenz 20 Züge/min
- Körpertemperatur 37,5 °C.

Nach Beißereien oder zunächst harmlos erscheinenden Unfällen sollten Sie den Hund genau überwachen. Bedenken Sie, dass selbst bei oberflächlich winzig erscheinenden Bisswunden im Brust- und Bauchbereich auch das Bauchfell verletzt sein kann. Bleibt das unbemerkt, wird dieser Zustand für den Hund in kürzester Zeit lebensbedrohend. Deshalb: Lieber einmal zu oft zum Tierarzt, als ein einziges Mal zu wenig!

Und so sollte Ihr **Erste-Hilfe-Set** aussehen:

- Sterile Kochsalzlösung zum Säubern von Wunden.
- Sterile Mullkompressen/Gaze zum Abdecken offener Wunden.
- Verbandswatte/Polsterbinde zum Abdecken des Gazeverbandes und zum Polstern bei Verletzungen an Pfoten oder Ohren.
- Elastische Klebebinde/Mullbinde zum Fixieren des Verbandes.

Retriever sind feinfühlige und hingebungsvolle Begleiter. Setzen wir alles daran, sie zu verstehen und ihren Bedürfnissen gerecht zu werden!

- Textilklebeband zur zusätzlichen Fixation.
- Verbandsschere.
- Anatomische Pinzette zum Entfernen von Splittern oder Insektenstacheln.
- Zeckenzange zur Entfernung festgesogener Zecken.
- Kunststoffspritze ohne Kanüle zum Eingeben von Flüssigkeiten in den Mundwinkel des Hundes.
- Kalziumpräparat zum Eingeben nach Insektenstichen.

Da die Anfälligkeit für Krankheiten auch bei Hunden im Alter ansteigt, sollten Sie Ihren Retriever regelmäßig vom Tierarzt untersuchen und wenn nötig behandeln lassen. Hat Ihr alter Hund eine unheilbare Krankheit, die ihm starke Schmerzen bereitet und ihm ein artgerechtes Leben unmöglich macht, lassen Sie ihn nicht lange leiden. Er spürt, dass es ihm nicht gut geht, heute und jetzt. Anders als wir Menschen kann sich Ihr Retriever nicht mit Gedanken an all das Schöne der Vergangenheit über sein Leiden hinwegtrösten. Gehen Sie mit ihm ein letztes Mal zum Tierarzt. Eine Spritze zu bekommen, ist für Ihren alten Hund nichts Besonderes mehr. Er wird sich nicht ängstigen müssen, wenn Sie bis zum letzten Augenblick bei ihm bleiben und ihn in Ihren Armen halten.

Anhang

Literaturverzeichnis

Zeitschriften

„Der Retriever"
Offizielles Mitteilungsorgan des Deutschen Retriever Club e. V.
„Unser Labrador"
Club-Zeitschrift des Labrador Club Deutschland e. V.
„Clubnachrichten"
Offizielles Mitteilungsorgan des Golden Retriever Club e. V.
„Unser Rassehund"
Offizielles Verbandsorgan des Verbandes für das Deutsche Hundewesen e. V.

Bücher

Boysen, Gabi: Der Toller. Boysen Novo Print 1996.

Busch, Patricia: Golden Retriever – Rasseportrait. Kynos Verlag 1988.

Coode, Carole: Labrador Retrievers Today. Ringpress 1993.

Coren, Stanley: Die Intelligenz der Hunde. rororo 1997.

Feddersen-Petersen, Dorit: Hundepsychologie. Franck-Kosmos 1987.

Feddersen-Petersen, Dorit: Hunde und ihre Menschen. Franck Kosmos 1992.

Feltmann-v. Schroeder, Gudrun: Hund und Mensch im Zwiegespräch. Franck-Kosmos 1993

Kejcz, Yvonne: Unser Hund wird alt. Franck-Kosmos 1994.

Lind, Ekard: Richtig Spielen mit Hunden. Naturbuch Verlag 1997.

Meyer, Helmut: Ernährung des Hundes. Ulmer Verlag 1990.

Narewski, Ute: Welpen brauchen Prägungsspieltage. Oertel + Spörer 1996.

Rauth-Widmann, Brigitte: Golden Retriever. Kosmos 1998.

Schlegl-Kofler, Katharina: Retriever. Franck-Kosmos 1994.

Schneidermann, Brigitte: Retriever. Gräfe und Unzer 1994.

Teichmann, Peter: ABC der Hundekrankheiten. Naturbuch Verlag 1994.

Wegmann, Angela u. Heines, Wilfried: Such und Hilf! Kynos Verlag 1989.

Weidt, Heinz u. Berlowitz, Dina: Spielend vom Welpen zum Hund. Leitfaden für die Entwicklung des jungen Hundes. Naturbuch Verlag 1996.

Wild, Rosemarie: Labrador Retriever. Müller Rüschlikon 1991.

Wild, Rosemarie: Flat Coated Retriever. Müller Rüschlikon 1993.

Wimmer-Kieckbusch, Karin: Freizeit mit dem Hund. Franck-Kosmos 1992.

Wolters, Richard A.: Der Labrador Retriever. Kynos Verlag 1993.

Wolters, Richard A.: Neue Wege der Jagdhundeausbildung. Kynos Verlag 1996.

Adressen

Verband für das Deutsche Hundewesen e. V. (VDH)
Westfalendamm 174
Postfach 10 41 54
D-44141 Dortmund
Tel. 02 31/56 50 00

Deutscher Retriever Club e. V. (DRC)
Geschäftsstelle und Welpenvermittlung:
Margitta Becker
Dörnhagener Straße 13
D-34302 Guxhagen
Tel. 0 56 65/27 74
http://www.virologie.med.uni-giessen.de/drc

Labrador Club Deutschland e. V. (LCD)
Geschäftsstelle und Welpenvermittlung:
Karin Willkomm
Auf der Heide 1
D-41462 Neuss
Tel. 0 21 31/56 91 00

Golden Retriever Club e.V. (GRC)
Geschäftsstelle:
Jürgen Rüter
Dietrichsweg 68
D-26127 Oldenburg
Tel. 04 41/6 74 86
http://www.online.de/home/wisskirchen/Default.htm

Hunde für Handicaps
Verein für Behinderten-Begleithunde e. V.
Trendelenburgstraße 13
D-14057 Berlin
Tel. 0 30/3 25 69 80

Verband Therapiehunde Deutschland (VTHD)
Barbara Puhl
Dellweg 23
D-25792 Neuenkirchen
Tel. 0 48 37/7 06

Bundesverband für das Rettungshundewesen e.V. (BRH)
Fliederstraße 5
D-67112 Mutterstadt

Deutscher Hundesportverband e. V. (DHV)
Hauptstraße 12
D-75196 Remchingen

Österreichischer Kynologenverband (ÖKV)
Johann-Teufel-Gasse 8
A-1238 Wien

Schweizerische Kynologische Gesellschaft (SKG)
Länggassstraße 8
CH-3001 Bern

Sachwortregister

Abbildungsnachweis

Zeichnungen

Sabine Drobik, Rottenburg-Oberndorf

Fotos

S. 68: Werner Tressat, Viersen;
S. 100: Susanne Weissmann, Böblingen;
S. 103: Günter Walkemeyer, Mössingen;
alle anderen Fotos (einschl. Titelbild): Karl-Heinz Widmann, Böblingen.